RomanKaido

Tōkaidō.2

東海道の宿場と交通

渡辺 和敏

静岡新聞社

東海道の宿場と交通

はじめに

東海道は長い間、日本の交通の大動脈であった。前近代においては、人々は当然ながら自らの足で東海道の旅をし、物資の輸送は東海道に設置された宿場の人足や馬によってリレーされた。東海道の交通を介し、旅人も沿道の人々もそれぞれが個々に有する以外のさまざまな異文化を体験し、それを消化して生活文化の向上に役立てたのである。すなわち前近代の東海道は、まさに「体験し消化する文化」を提供していたのである。

現在の東京と京阪神地域を結ぶ各種の幹線も、日本の交通の大動脈には変わりがない。東海道新幹線に乗れば東京~京都間を三時間足らずで結ぶ。東名・名神高速道路や国道1号には、ただ一向に目的地へ向かう車が疾走している。これらの交通幹線を利用する人が、せめて沿道の景色だけでも堪能しようと思っても、多くは防音壁に囲まれてそれもかなわないし、最終目的地に到着するまで輸送物資が沿道の人々の目に触れることもほとんどない。現在の各種の交通幹線は、まさに「通過の文化」を提供しているだけであると言っても過言ではないのである。

現代人は何しろ急ぎ過ぎており、それが社会の競争原理に勝ち抜く手段だと勘違いして、何か大切なものを忘れてはいないだろうか。「地方の時代」と言われて久しいが、そうした社会が到来していると実感している人は皆無に近いというのが現実であろう。「地方の時代」を実現するには、あふれる情報や各種の文化を「体験し消化する」ことが重要であると思う。

時あたかも平成十三年（二〇〇一）は、徳川家康が慶長六年（一六〇一）に東海道に宿場を設置してから四百年目に当たる。もちろん東海道はそれ以前から重要な幹線であったし、宿場についてもそれ以前の伝統を参考にしながら改めて形成されたものである。しかし江戸時代を通じて東海道と宿場の発達は出色であり、それを利用した旅人がもたらす各種の情報は封建社会の枠を超えるものがあったと言ってよい。

「地方の時代」を実現しようとするに当たり、江戸時代に「体験し消化する文化」を提供していた『東海道の宿場と交通』について振り返ってみることは意味のあることであると思う。ただし一口に『東海道の宿場と交通』と言っても、これには大きな、そしてさまざまな問題があり、またその前史もある。本書は限られた紙数であるが、あえてこうした多大な問題に挑戦してみようとしたものである。

すなわち本書では、江戸時代の東海道交通に関しての執筆が中心であるが、その前後の時代についても目配りをする。そこでまず最初に江戸時代の宿駅制度の源流を探り、それが江戸時代にどのような形で継承されたのか、また江戸時代の東海道筋における交通施設や自然環境についても概観する。次いで宿駅制度のハード面を理解するために、一般的な宿場の機構や人馬による継立方法、あるいは宿財政について言及した上で、具体的に各宿場の特徴を紹介する。

交通のソフト面としては、江戸時代の各階層の旅に視点を当てたり、東海道筋で生活するさまざまな人々を取り上げる。これはまさに交通文化であり、本書の中核をなすものである。そして最後に、宿駅制度の崩壊過程とそれに代わる近代交通について展望する。

これらの課題はいずれも簡単ではなく、深く追求すればそれぞれが一冊の本になるような問題である。本書ではこれらの課題について幅広い視野から総合的にみることを第一義とし、個別的に詳述することはしない。読者には、本書を『東海道の宿場と交通』という大きな課題に関する入門書として利用し、この入門書を通じてそれぞれの「地方」の宿場や交通の歴史を再考し、足らざる点は補ってもらいたい。

現代人は、ややもすると先人の培った物心両面のさまざまな輝かしい文化を過去の遺物として扱い、それを継承して発展させる意識に欠けているように思う。江戸時代を築いた人々も、あらゆる面において長い歴史を参考にし、そこから新しい時代を構築したのである。東海道をはじめとする主要街道に宿場を設置したのもその一環であったのである。もう一度、過去の『東海道の宿場と交通』を振り返り、それを参考にして新たな「地方の時代」を構築したいものである。

目次

（文中に使用したさし絵は、断り書きのあるものを除きすべて豊橋市二川宿本陣資料館所蔵です）

宿駅制度の源流と五十三次

東海道中栗毛弥次馬二多川　落合芳幾

駅伝制の成立と衰退

交通の意味

本書のタイトルは『東海道の宿場と交通』である。まずこのタイトルに含まれている用語の検討から筆をおこすことにする。

交通とは、政治・社会・経済・文化の発達を要因として展開する社会現象で、またそれを発展させる性格をもつ。一般には人の往来、情報の伝達、物資の輸送を交通と言う。ただし交通という言葉は、近代になって多く用いはじめられたものである。交通をあえて前近代の言葉に求めるなら、それはタビであろう。

タビの語源については諸説がある。その一つに、他人の家に宿泊してその家の火で調理してもらったものを食べる、すなわち「他火」の食事をすることからタビという言葉が発生したという説がある。これに対し、タビは交易を求める古語の「給《た》ぶ」の命令形である「給べ」が変化した名詞であるという説もある。

他人へ食事を供するとか、他人と交易をするということは、生活にある程度のゆとりがあり、他人を信頼することが前提である。その意味では、弥生時代以前には集落の移動や近隣への往来、あるいは物資の移動はあっても、それを狭義での交通＝タビという社会現象とみることはできないであろう。

『魏《ぎ》志《し》倭《わ》人伝《じんでん》』では、対馬について「道路は禽鹿の径の如し」と記し、末盧《まつろ》国について「草木茂盛し行くに前人見ず」と記してある（原典漢文）。道とは言っても、まさに獣道に近いものであったのであろう。ただし同書には国々への行程も記されているから、すでにある程度の交通ルートのようなものは形成されていたことがわかる。

東海道の初見

東海道の語源は、言うまでもなく中央政権の所在地からみて東方の海沿いにある道ということである。その道、すなわちミチの語源についても諸説があるが、一般的にはミは単に物事を美しくみせる接頭語であり、チに本来の意味があると言われている。そのチとは、アッチ、コッチのチであり、特定のルートを指すのではなく、むしろ一定の空間のことであった。

ミという接頭語を付したのは、一定の空間であるそのチは朝廷が治めるという発想があったからであろう。道とは本来、朝廷、すなわち国が治める地域である。そして朝廷からはそこを治める人が派遣された。そのためにやがて道がルートの意味にも転化した。当初の東海道とは東海の土地であり、また東海への道路でもあったのである。

東海という名称の初見は、『日本書紀』崇神天皇十年（紀元前八八）九月甲午条であると言われている。すなわち、四道へ将軍を派遣する記録のなかに「東海《うみつみち》」とある

しかし『日本書紀』の内容の信憑性問題を含め、紀元前に中央政権が成立していたとは考えられない。実際に東海道という名称が使用されはじめたのは、大和政権が成立して東方への政治的影響を及ぼしはじめた四～五世紀以降のことであろう。

東海道という名称の初見は、同じ『日本書紀』崇峻天皇二年（五八九）七月壬辰条であると言われている。東山道《やまつみち》や東海道《うみつみち》へ使者を派遣したという記録である。しかしこの用例についても、実際に当時のものかどうかは確証がない。

ほぼ信頼してよいと考えられる東海道の名称の初見は、同書天武紀十四年（六八五）七月辛未条の「東山道美濃以東、東海道伊勢以東」の課役に関する記録である。もっとも同時期の記録には単

に「東海」と記したものが多いから、まだ東海道という名称は一般的なものではなかったらしい。東海道の名称が一般化するのは、大宝元年（七〇一）に大宝令《たいほうりょう》で五畿七道が明記されて以降のことである。

本書のタイトルにはこの東海道と交通のほかに、宿場という用語が含まれている。宿場は「宿」が成立して、はじめて使われる用語であり、律令制以前には存在しない。

駅伝制度と東海道

大化の改新の翌大化二年（六四六）正月には、有名な四カ条からなる改新の詔が発せられた。その第二条で、地方行政の改革や軍事施設の設置と関連して駅馬《はゆま》・伝馬《つたえうま》・鈴契《すずしるし》などの交通施設の整備を指摘している。ただしこれは政府の方針を示した程度のもので、実施された確証はない。

この方針は七世紀後半を通じて、特に壬申の乱を契機に次第に実現された。それが浄御原令《きよみはらりょう》や大宝令のなかで成文化されたのである。

大宝元年（七〇一）八月に完成した大宝令は現存していないが、大要は養老二年（七一八）に改修された養老令によって知ることができる。それによれば、全国を五畿内と七道に分け、さらに七道を大路・中路・小路に区分して、それぞれに当時の里程でほぼ一律に三〇里（約一六キロメートル）ごとに駅《うまや》を設定している。

大路は山陽道、中路は東海道と東山道、小路は北陸《ほくろく》道・山陰道・南海道・西海道である。大路の駅には二〇疋、中路の駅には一〇疋、小路の駅には五疋の駅馬を置くことを原則とした。七道を数えあげる場合には、時計の針の逆回りに東海・東山・北陸・山陰・山陽・南海・西海道とした。

律令国家にとって最も重要な政治課題は地方の支配であった。そこでまず中央と地方を結ぶ交通路を整備し、駅をおいたのである。

延長五年（九二七）に完成した延喜式《えんぎしき》によれば、五畿・七道の駅数の合計は四〇二駅、駅馬数は三四八七疋、それに舟数が一二隻とある。東海道には五五駅があり、遠江国内には猪鼻・栗原・引摩・初倉駅、駿河国内には小川・横田・息津・蒲原・長倉・横走駅があった。

駅伝制の駅路は、ほぼ直線に敷設された軍事道路でもあった。近年、現静岡市街東方で約三五〇メートルにわたるこの時期の東海道が発掘された。街道の両側に側溝があり、道幅が約九メートルもあったことが確認されている。

律令制では七道に付随するものとして各地の国が定められ、国の数は一〇世紀頃には六六カ国と二島になった。東海道には、伊賀・伊勢・志摩・尾張・三河・遠江・駿河・伊豆・甲斐・相模・安房・上総・下総・常陸の諸国が付随した。さらに宝亀二年（七七一）からは、武蔵国も東海道に付随するようになった。

国はいくつかの郡からなり、郡役所である郡衙《ぐんが》（郡家）に五疋の伝馬《つたえうま》をおいた。伝馬は国内の首長層同士の間を結ぶためのものである。延喜式によれば、全国の郡衙で必要な伝馬数は六九七疋とある。

これらの駅馬や伝馬が、江戸時代の宿駅伝馬《しゅくえきてんま》の起源である。ただし律令制下では宿泊施設を有する駅が少なく、その宿泊施設や駅馬・伝馬を利用できるのも国家公用の旅行者に限られた。それに対し、江戸時代の宿場には宿泊施設があり、公用が最優先ではあるが、人足や馬が余っていれば賃銭を払うことにより、私用でも、また庶民でも利用できた。その意味では、本書のタイトルの一部である宿場の起源を、この駅や郡衙に求めるのには無理がある。古代の交通は政治的要因が主であり、そのほかのものはそれに付随する程度にすぎなかったのである。

この時期、庶民の旅行としては、主に脚夫・仕丁・雇役・衛士・防人《さきもり》などの言わば強制されたものが中心であった。なかでも庸《よう》や調《ちょう》の税を都へ運ぶ脚夫は自弁で、途中で餓死する者も多く、しばしば国家が救済策を講じている。日常生活からの逃亡や浮浪など以外で、自由に本貫を離れて旅をすることはほとんどなかったと言ってよい。

駅伝制の衰退

駅馬・伝馬の利用は国家公用に限られていたものの、実際には多くの公使が濫乗《らんじょう》した。永延二年（九八八）の「尾張国郡司百姓等解文」には、国司の藤原元命《もとなが》が三年間にわたって駅馬や伝馬用の米を着服したり、渡船場に船を用意せずに民間の小舟を徴用していたことなどが記されている。

駅馬・伝馬の濫乗を戒める法令は、しばしば発せられた。承和五年（八三八）には、監視するために駅ごとに国司《こくし》の次官以上を置いたが、効果がなかった。駅馬・伝馬の濫乗により、駅馬・伝馬を牽いて次の駅や郡衙まで送る駅子や伝子の負担が増加した。

駅伝制は、国家による土地支配を前提として成立していた。ところが十世紀以降になると、荘園制が成立して土地の支配形態が変質し、駅家の維持に悪影響を及ぼしはじめた。駅馬や伝馬を供給するには多くの牧場を必要としたが、律令国家の衰退によりその確保も困難になった。延喜式にみる駅伝制も、すでに当時は廃れており、それは全盛期のものを再現しているに過ぎないという説もある。

こうして十世紀末までには駅伝制は事実上崩壊し、寛仁三年（一〇一九）の太宰府《だざいふ》からの馳駅使の派遣を最後に史上から消えた。しかし駅逓《えきてい》業務は必要であるから、従来の駅家の業務は国司が管掌し、維持費を国衙《こくが》領や荘園に賦課した。さらに平安時代末期になると、交通の要所に宿《しゅく》と呼ばれる常置の宿泊施設が出現し、駅伝制に代わって交通を進展させた。

宿の出現と伝馬制

宿の出現

駅伝制が衰退すると、それに代わるものとして交通に便利な道が開かれ、そこに宿《しゅく》や駅《えき》が生まれた。その場所は、従来の駅《うまや》を継承したところもあるが、新しく開かれた道と川が交差した地であったり、またこの時期に急発展した海上交通の起点である津《つ》や泊《とまり》などの要所が多かった。

この新たな宿は、国家が設置したものではなく、必要に応じて在地の有力者が運営したものである。旧来の駅の衰退と並行して新たに宿が生まれたと考えられるが、宿の名称が一般化するのは十二世紀以降のことである。

宿を運営する有力者は、長者と呼ばれた。橋本・池田・菊川・手越・蒲原・黄瀬川・大磯のように、長者のもとに遊女がいる宿も多かった。遊女の多くは、相当に高い教養を有していた。遠江・駿河国内の宿は芸能民である傀儡子《くぐつ》が多いことで知られており、傀儡子のいる宇津谷・蒲原などは諸役が免除されていた。

宿では、主に宿泊施設を提供し、旅行者の求めに応じて馬や人足を出した。それに応ずるために周辺から人馬が集められ、やがて宿は人馬を常備する交通集落として発展した。敢えて本書のタイトルの一部である宿場の起源を求めるなら、それはこの宿の発生であろう。

宿は主に陸上交通に依拠した東国、特に東海道筋に多く発生した。東海道では大井川の島田、天竜川の池田、浜名湖の橋本、矢作川の矢作《やはぎ》などの渡し場、足柄峠の関本・藍沢、宇津谷峠の手越《てごし》などがこの時期の著名な宿である。これらの宿は往来の人々で賑わい、ここを拠点にして商いをする業者も定住するようになった。

東海道が最重要になる

鎌倉時代になると、全国の交通網とその性格に大きな変化が現れた。鎌倉は幕府の所在地として陸上・海上交通の起点になった。ただし従来の公家政権も崩壊したわけではないから、京都を中心にした交通網も依然として重要な役割を担っていた。特に畿内と西国を結ぶ交通としては、前代以来の瀬戸内水運が一層発展した。

すなわちこの時代は、鎌倉と京都を中心とする二元的な交通体系となり、東海道は京都と鎌倉を結ぶ全国で最も重要な街道になった。将軍の上洛、朝廷・公家や幕府の使者、軍役として京都や鎌倉へ出向く御家人、訴訟のために鎌倉と地方を往復する人々、荘園年貢の運搬などにより、東海道の交通は急速に発展した。木津・野路・坂ノ下・萱津・赤坂・橋本・曳馬・池田・懸川・菊川・島田・藤枝・岡部・手越・興津・蒲原・車返・黄瀬川・藍沢・竹之下・関本・酒匂《さかわ》・大磯などが、鎌倉時代の重要な宿であった。

鎌倉幕府は、新しく生まれた宿や駅を体系化して交通を発展させた。文治三年（一一八七）には鎌倉から京都に至る飛脚《ひきゃく》の行程を七日に定めたが、延応元年（一二三九）に急速の場合には四日に短縮した。新たな宿の設置にも積極的で、文治五年には駿河国麻利子一色に浪人を招いて駅を建立させた。建暦元年（一二一一）には、東海道筋の守護・地頭に命じて新宿を設置させたりもした。

これより先、文治元年十一月には東海道に駅路の法を定め、上洛する使者に対して沿道の荘園から伝馬《てんま》や食料を提供することを命じた。もっとも荘園領主の権門勢家の抵抗があり、これがどこまで守られたかは不明である。その後の記録をみると、公的な使者の往復に関しては多くの場合、御家人の負担で伝馬を用意している。

早馬制を導入

鎌倉幕府は建久五年（一一九四）十一月、新宿が増加したことを理由に、大宿には八人、小宿には二人の疋夫《ひきふ》を常置することを強化し、同時に宿中に乗馬を常備して緊急用に備える早馬《はやうま》制を導入した。早馬制は早打制とも称し、宿人馬を幕府が発行する手形で調達できる制度である。

手形は、後述する関所通行手形と同じ名称の過《か》書《しょ》と呼ばれた。過書の発行者は当初は一定でなかったが、建治三年（一二七七）には宿次過書奉行という職制もできた。

文暦二年（一二三五）には六波羅探題《ろくはらたんだい》に対し、今後は宿中に駅馬を常備するように命じた。しかし文応二年（一二六一）には、常備する二疋の早馬を恣意的に多く使うので土民が困っていると し、今後は定数を守るようにとも命じている。この時期には、宿や駅には公用伝馬として早馬が完備し、一方でその制度の崩壊防止策を講じていたのである。

鎌倉時代初期には権力機構が未成熟のために、交通政策も十分とは言えなかった。しかし幕府が軌道に乗ると、宿・駅・橋・徒渉地などの交通路の整備が進み、その管理は諸国の守護《しゅご》の責任として行われるようになった。こうして鎌倉時代の逓送制度は、従前に比して相当に整備された。

もっともこの時期の交通は、農民の年貢運搬を主体とした荘園輸送が主体で、それに武士の番役《ばんやく》による往来や商人の行き来が目立つ程度のものであった。旅の自由はある程度認められていたが、庶民が自発的に旅に出ようとするような交通環境は未だ整備されていなかった。

ただし熊野《くまの》神社や伊勢神宮などの先達《せんだつ》・御師《おし》の活躍が目立ちはじめた。それに扇動され、庶民のなかには漸新的な経済成長を背景に、参詣に出掛ける者も出現しはじめた。

一般に中世社会は外来者＝旅人に対して冷淡であったと言われているが、参詣者や巡礼《じゅんれい》には沿道で物心両面の援助をする風習も生まれはじめた。その結果、社会的脱落者のなかには、生活手段として社会の支援を得やすいにわか宗教者に仮装する者も増加した。

商品輸送への転換

伝馬《てんま》による宿継《しゅくつぎ》や早馬制は、室町幕府も継承した。足利尊氏は元弘三年（一三三三）に街道・宿での狼藉《ろうぜき》や過書を持たない早馬の使用を禁止し、建武元年（一三三四）には京都から諸国への往復の日程を規定して事務の円滑化を図った。さらに貞和年間（一三四五〜五〇）には、守護・地頭に対して諸国の要路の警護を命じた。

しかし室町幕府は政権基盤が弱く、時代の変化に対応する独自の政策を打ち出すことが少なかった。幕府の規定も次第にゆるみ、早馬制は南北朝内乱前後に廃絶した。

ただしこの時期にも公私の逓送《ていそう》はあったから、従来の宿《しゅく》のなかで特に交通の要所にあった宿がその機能を存続させ、必要最低限の継送を行っていた。その際、従来の早馬の利用を許可する手形（過書）の代わりをしたのが、幕府や守護が発行する過書であった。その過書には、関所通行を許可する文言も含まれているのが普通であった。

この時期の交通面での最大の変化は、主体が従来の荘園の年貢輸送から商品輸送に転換したことである。それにともない、畿内を中心に馬借《ばしゃく》や車借のような専門の交通業者も出現した。応永元年（一三九四）に将軍義満が日吉神社へ参詣した時には、富崎比叡辻の馬借・車借が毎日馬二〇〇疋・車二〇〇輛を徴発されたほどである。

関所の濫設

室町〜戦国時代の交通で、最も特徴的なことは関所の濫設《らんせつ》である。交通量が増加し、商品輸送が発達したので、関所を介して通行税を徴収しようとしたのである。

関所は古代以来、軍事的な役割を担って、主要な街道の要所に設けられていた。しかしやがて貨客から通行税である関銭《せきせん》を徴収することが主目的になっていた。水上交通でも主要な湊や河岸《かし》で、津料《つりょう》などの名目で通行税を徴収した。

鎌倉時代には、これらの主要な関所や湊は幕府の管轄下にあった。しかしそのほかにも地頭や荘園領主、あるいは大社寺が私的に関所を設けて関銭を徴収していた。

室町幕府も多くの関所を管掌して幕府財政に組み入れ、私的な関所を幕府の所管とする方針であった。しかし一方で、諸国の私的な関所は人々の往来に支障をきたすとして停止させ、新たに関所を構えて津料を徴収することを禁止するなど、交通行政の矛盾も目立った。

しかも将軍義教が嘉吉元年（一四四一）に死亡してからは、幕府政治の混乱もあって関所の規制が急速に乱れ、私的な関所の濫設時代を迎えた。康正三年（一四五七）には河内国で六一六カ所の関所が土民などにより破壊され、同時期の淀川には九六の本関と三〇〇余の新関があったという。

これらの関所は、やがて戦国大名によって押領《おうりょう》され、設置や撤廃権は各大名の所管に帰すようになった。戦国大名も当初は関銭の徴収に魅力があったが、領国内の流通経済の繁栄を重視して次第にそれを縮小・撤去する方向に進み、国境だけに残す場合が多くなった。

戦国大名の伝馬制度

伝馬《てんま》による宿継制は室町幕府も継承したが、制度として発展することはなく廃絶した。しかしやがて戦国大名の領国内で、伝馬制度として新展開をみせはじめた。

ただし西国地方では、前代より海上・河川交通が発展した。西国に宿や伝馬制度がなかったわけではないが、どちらかと言えば宿や伝馬は東国型の交通組織と言える。

戦国時代には、特に東国で前代以上に主要街道の宿が整備され、宿場町《しゅくばまち》と言ってもよい集落が形成されたところもある。宿と宿の間が遠隔であれば、その間に新宿が設けられたりもした。

宿には問屋《といや》をおき、問屋は近在から伝馬役を勤める伝馬衆を徴発して統括した。伝馬衆も次第に宿に定住して専業化し、駄賃稼《だちんかせ》ぎを行うようになった。問屋は宿の有力者であり、自ら運送業に当たる以外にも旅宿や商業活動を行ったり、領主と伝馬衆・住民の間にあって宿業務の全体を取り仕切った。宿は、問屋の差配の下に、戦国大名の発行する伝馬手形に従って公用物資を輸送することが最大の任務であった。これを伝馬役《てんまやく》という。

東国では、特に今川・武田・小田原北条氏の領国内で伝馬制度が発展した。今川氏の領国内には東海道が横断するから、宿は前代のものを引き継いだ例が多く、伝馬制度も早くから実施されていた。永禄三年（一五六〇）に駿河国丸子宿に宛てた伝馬定書《さだめがき》によれば、公用の伝馬は無賃とし、それ以外の荷物は一疋につき一里一〇銭と決め、駄賃稼ぎも認めていたことがわかる。

北条氏は、今川氏の旧臣であるので、伝馬制度も当初は今川氏を模倣したものであった。それを領国拡大の過程でさらに発展させたので、現在でも多くの伝馬手形が残っている。

今川・北条氏に挟まれた武田氏の領国内でも、両氏同様に伝馬の利用とその保護政策が顕著であった。後に徳川家康の家臣として交通行政に関わった者のなかには、武田氏の旧臣もいる。

これらの三氏のほかでは、徳川・上杉・伊達氏などの伝馬制度が知られている。ただし実施時期は前記の三氏より遅く、三氏のそれを模倣して導入したらしい。

織豊政権の交通政策

織田信長が永禄十一年（一五六八）に将軍義昭を擁して上洛したことは、それ以降の政治・社会を考える上で特筆すべきである。信長はこれ以降、領域の拡大過程で領内に石高制《こくだかせい》を敷いた。

同時に、信長は自らの領国と京都間の交通路を整備し、領内の関銭徴収目的の関所を撤廃した。天正四年（一五七六）に安土で築城を開始した直後、嫡男の信忠に命じて尾張国中の道路を本街道・脇道・在所道《ざいしょみち》に区分し、本街道は三間二尺にして松や柳の並木を植えさせている。

しかし信長の領内での伝馬制度については、明確でない。信長は、特に京都・西国を目指していたこともあり、どちらかと言えば西国型の戦国大名で、伝馬制度に対して過大な評価をしていなかったのかも知れない。

豊臣秀吉は、基本的には信長の政策を継承し、さらに徹底させてほぼ天下を統一した。九州・小田原の平定に当たってはそれぞれに道路を新設し、従来の主要道路も整備した。特に里程を三六町＝一里（約四キロメートル）に統一し、これらの主要道路に一里塚を築かせたことは重要である。

文禄・慶長の役に際しては、朝鮮出兵軍への物資輸送と通信確保のために、京都から肥前国名護《なご》屋《や》までの間に駅伝《えきでん》制を実施した。この駅伝制は、同時期に自国内で伝馬制を実施していた会津の上杉景勝や陸奥国の伊達政宗のそれを模倣したものであろうと言われている。

この時期、徳川家康は信長と盟友関係にあり、三河・遠江・駿河国に勢力を拡大した。武田氏が滅亡してからは甲斐・南信濃も領有した。ところが天正十八年八月、家康は秀吉の大名転封政策により小田原北条氏の旧領である関東へ移封された。これらの地の旧領主はいずれも優れた伝馬《てんま》制度を有していたので、徳川氏自らの伝馬制度の改善に都合がよかった。

信長・秀吉により統一的な交通政策の基礎が築かれつつあった同時期、家康は領国内で最先端の伝馬制度を学んで実行していたのである。こうして江戸時代の交通制度の基礎は、着実に醸成されつつあったのである。

江戸幕府の宿駅制度

伝馬朱印状

慶長六年（一六〇一）正月、徳川家康は全国統一政策の一環として東海道に宿《しゅく》を設置し、宿に伝《てん》馬定書《まさだめがき》と伝馬朱印状《しゅいんじょう》を下付した。翌七年以降、中山道以下の主要街道にも宿を設置した。

戦国時代から東国の有力大名は伝馬制度を有していたが、それを家康が統一したのである。それは同時期に発行した全国通用貨幣とともに、統一政権の証しでもあった。

伝馬定書には、三六疋の伝馬を常備し、伝馬の継立区間、伝馬常備の代償としての伝馬屋敷地の地子《ちし》(税)免除の坪数、伝馬への積載量を三〇貫目以下に制限することなどが記されている。

伝馬定書と併せて、「伝馬朱印」の文字の下に馬士が馬を牽く絵を描いた駒引《こまひき》朱印と呼ばれる印文を押した伝馬朱印状も下布した。各宿では、朱印状を携えている者に対し、記されているだけの人足と馬数を無条件で提供する義務が生じたのである。

天下統一以前の家康は、「伝馬之調」の四字を印文にした伝馬朱印状を用いていたが、この時に駒引朱印に改めたのである。なお、伝馬朱印状は、慶長十二年に家康が駿府へ移ると、印文を「伝馬

駒曳朱印

伝馬手形（割印）

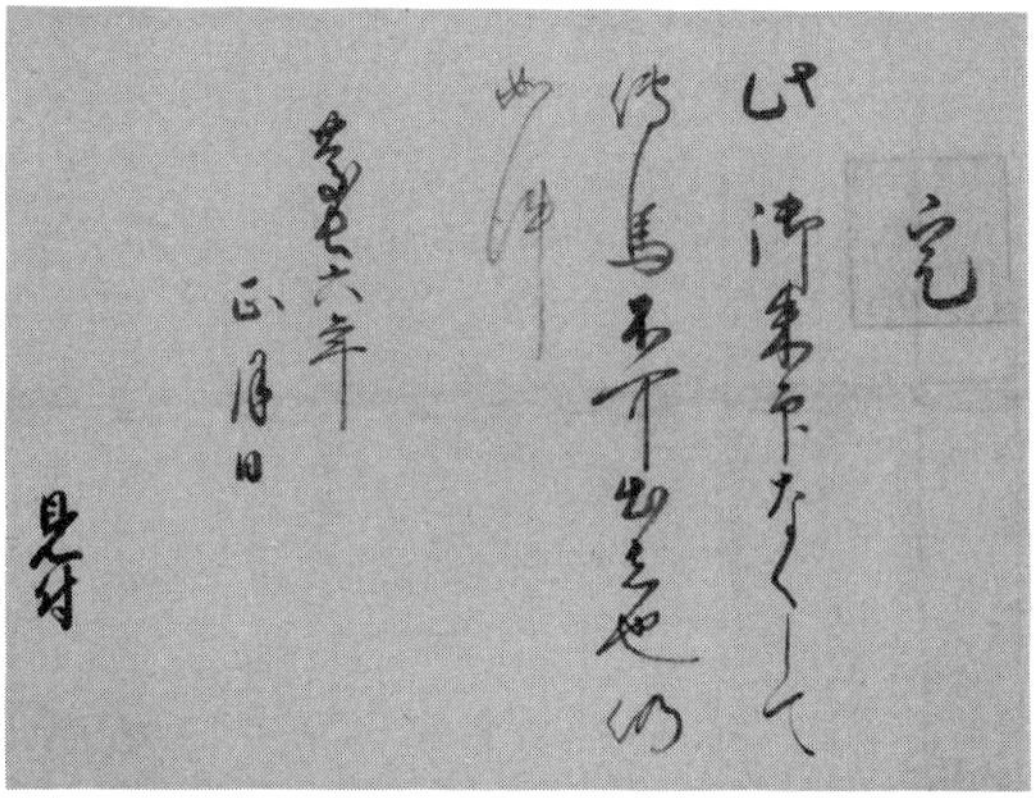

伝馬朱印状

（磐田市教育委員会蔵、静岡県歴史文化情報センター提供）

無相違可出者也」という九字を三行にしたものに変えた。これを縦二つ割にして、右半分を家康が用い、左半分を江戸にいる二代将軍秀忠が用いた。その後、家康の右半分は三代将軍家光が用い、以降の将軍が左右を代わるがわるに使用した。

後に、将軍が使役を許可した人馬を朱印伝馬と称し、その文書を伝馬手形などと呼ぶようになった。設置された宿へ渡された伝馬朱印状は、伝馬手形の印鑑証明の役割を果たすものであった。

東海道五十三次

慶長六年（一六〇一）正月、東海道には徳川氏によって改めて宿場が設置された。しかしこの時点で、いわゆる「東海道五十三次」と呼ばれる宿場がすべてそろったわけではない。

現存する東海道宿々の伝馬定書は、写しを含めても全体で一二宿分、伝馬朱印状は二二宿分だけである。ただし伝馬定書には継立区間として隣宿名が記してあり、これによって定書や朱印状が現存していなくても慶長六年に設置されたことが明らかな宿場もある。定書や朱印状が残っていないことが、すなわち宿《しゅく》の設置時期の遅れを証明するものではないが、宿は適宜追加的に設置されたのである。

東海道の宿のなかでは、大津・岡部宿が慶長七年（一六〇二）、戸塚宿が慶長九年、袋井・石薬師宿が元和二年（一六一六）の設置であり、箱根宿は元和四年、川崎宿は元和九年の設置、庄野宿は寛永元年（一六二四）に設置された。これによって、ようやく東海道では五三の宿がそろったのである。

なお、東海道は江戸～京都間の五三宿ではなく、大津宿から伏見・淀・枚方・守口宿を経由して大坂に至るまでという考え方もあり、それだと五七宿になる。幕府の道中奉行は、この江戸～大坂間を管掌した。

これらの宿では一定の人足と馬数を常備し、それによって貨客や文書などをリレー方式で次の宿場まで継ぎ立てた。「五十三次」とは、五三の宿で順に継(次)ぎ送るという意味である。

江戸幕府は宿に対し、人馬を常備する代償として一定の地子を免除し、また駄賃稼ぎや旅行者用の休泊施設の常設を認めた。こうして宿には運輸機能と休泊機能が付与され、陸上交通の発展の基礎ができたのである。

宿継《しゅくつぎ》による輸送方法は、宿場の宿泊施設を含め、一般に宿駅制度《しゅくえきせいど》と呼ばれている。ただし江戸時代に宿場を宿駅と呼ぶことは少なかった。一般的には前期には町、中期以降には宿《しゅく》と呼ぶことが多かった。しかし幕末から維新期になって、律令制の諸名称が復活するなかで、宿駅や、さらには駅という名称が復活したのである。

もっとも前述したように、江戸時代の陸上交通政策の基幹は律令制下での駅馬・伝馬制度を発展的に継承し、平安時代後期頃から発展した宿《しゅく》を基礎としたものである。その意味では、江戸時代の陸上交通制度を宿駅制度と呼ぶのに大きな矛盾はない。

あいまいな五街道の範囲

一般に、幕府は江戸を中心にして、東海道をはじめとする五街道《ごかいどう》を設置したと言われている。しかし江戸時代には五街道という表現はあいまいで、いつ頃からどの街道を指すようになったのか明確でない。

正徳六年（一七一六）四月、幕府の法令としては異例の形式で、従来さまざまであった五街道の呼称について次のように定めた。すなわち、東海道は海沿いの道筋であるので東海道でよい。しかし海のない下野《しもつけ》・甲斐国を通る街道は日光道中・奥州道中・甲州道中とすべきであり、中仙道も古来東山道の字を当てているから中山道とすべきであるとした。当時、幕政に参与していた新井白石の意見が入れられたのであろう。

こうして五街道の正式名称が決まったものの、完全に浸透したわけではなかった。また白石は五街道の呼称にこだわったが、その路線や範囲について明確にすることはなかった。

宝暦八年（一七五八）十月、大目付の依田政国から五街道について尋ねられた江戸の伝馬役所の馬込勘解由《かげゆ》は即答できず、後日調査をして次のように報告した。東海道は品川より守口まで、それに名古屋より大垣までの美濃路と、岩塚より佐屋までの佐屋路も東海道に付属する。中山道は板橋より守山まで。日光道中は千住より鉢石まで、それに板橋より岩淵までの壬生道と、新宿より松戸までの水戸・佐倉道も日光道中に付属する。奥州道中は白沢より白河まで、甲州道中は上高井戸より上諏訪まで、というものであった。

これによれば、五街道とは東海道をはじめとする五幹線、およびそれに付属する街道も含んでいる。五つの幹線というより、道中奉行の管轄する街道を網羅した道筋の総称が、すなわち五街道であったわけである。したがって明和元年（一七六四）九月に本坂通（姫街道）と例幣使《れいへいし》街道が道中奉行の管轄になると、この両街道はそれぞれ東海道と日光道中に付属した。

東海道筋の諸施設

宿場景観の共通性

江戸時代の東海道の宿場は、前代から宿であったところが多い。しかしそれ以外でも、宿と次宿の距離などを考慮して新しく宿場を設置したり、場合によってはまったく集落のない場所に住民を集めて宿場を設けたところもある。

こうしてできた宿場の景観には、ある程度の共通性がある。宿場の出入口に小さな見付や桝型《ますがた》があり、宿場のなかへ入ると街道に面して家並が続く。場合によっては宿場の中程に鉤《かぎ》の手が造成されたりもした。街道の中央か両側、あるいは家並の裏側に住民共用の用水が流れている宿場も多い。家並の裏手は田畑や山林である。

宿場のほぼ中心には本陣《ほんじん》・脇本陣や問屋場などの公的交通施設がある。周囲には旅籠屋が集まり、その外に茶屋・酒屋や諸職人の家などが混在する。最も目立つ場所には高札場がある。

もちろんこの類型に当てはまらない宿場もある。特に城下町に併設された宿場には空間地がほとんどない。途中で移転した宿場も、場所的に限定されてこうした類型を採れなかった例もある。

参勤交代の大名とその重臣は本陣に休泊するが、随行者の多くは下宿《したやど》として旅籠屋や一般の民家に分宿した。本陣に先客がある時などには、宿内の社寺で先客の出発や通過を待機することもあった。そのために旅籠屋・一般民家に限らず、広い境内地を有する社寺も宿場を構成する重要な施設であった。寺で打つ鐘は宿場の人足や旅人に時刻を知らせたが、宿場によっては専用の「時の鐘」を有していた。

幕府は宿場の設置に際し、前述したように宿の伝馬役負担者の地子を免除するなどの特権を付与した。さらに宿の衰退を防止するために、さまざまな助成を行った。宿場にはいくつかの優遇策がとられたので、多くの人々が集住して第二次・三次産業も発達し、周辺地域の商品経済の拠点にもなった。

宿場では住民の食料とともに、旅行者用も確保しておく必要がある。家並の裏手に田畑があるのは、そのためであった。しかしやがて宿場人口と旅行者が増大して食料の絶対量が不足するようになり、その面でも宿場は周辺地域との結び付きが重要になった。

高札場は宿場の中心地

江戸時代は、人々が文字を理解できることを前提にした社会であり、正式な法令は成文化されている。領主が村々へ年貢などを課す場合も、必ず文書によった。

人々が日常的に守るべき事柄は、集落の中心部に高札《こうさつ》として掲げられた。中心部は大体が街道に面しているから、東海道筋は至るところが高札場であった。現在、札《ふだ》の辻《つじ》とか札木などと呼ばれているところは、ほとんどが高札場の跡地である。

正徳元年（一七一一）五月、幕府はそれまで雑多であったいわゆる「親子兄弟札」「キリシタン札」「火付札」「毒薬札」などの高札文を統一し直し、明和七年（一七七〇）四月には「徒党札」も加えた。私領の村々には、これらとともにその領主による高札文も掲げられたりした。

宿場の高札場にはこれらに加え、荷物の重量や伝馬の勤め方などを示した「駄賃・人足荷物札」や、駄賃・人足賃・木賃銭《きちんせん》の元賃銭《もとちんせん》を示した「宿駄賃札」なども掲げられた。駄賃・人足賃が値上げされると、その金額と値上げ期間を示す高札も掲げられた。高札場には、多種多様な高札が一緒に掲げられていたのである。

宿場の高札場は、最も人が集まる場所、具体的には本陣・脇本陣や問屋場などの公的交通施設に近接して設けられている場合が多い。交差点に当たっていたり、桝型《ますがた》・鉤の手などで屈曲している場所である例もある。

城下町に併設された宿場では、城の大手前に高札場が設けられるのが普通であった。川崎・戸塚・藤沢・三島宿では、社寺の門前やそれに通ずる鳥居に接して高札場が設けられた。日坂・袋井・土山宿では、宿の出入口の見付に設けられた。このように高札場は、宿場の象徴的な施設として人の集まる場所であった。高札場を中核にして、さらに町並が発展した宿場も多い。

立場茶屋の繁栄

宿場では中心部に旅籠屋が軒を並べ、宿外れの一画にはそれとは別に茶屋がある例が多い。その茶屋を宿端茶屋《しゅくばぢゃや》と言った。

また宿と宿の間にも茶屋ができ、これを立場《たてば》茶屋と言った。宿端茶屋についても、立場茶屋と総称したりもした。本来、立場とは人足の休憩場所のことを指したが、立場茶屋と称して一般の旅人や、やがては旅費を節約する参勤大名まで休憩するようになった。茶屋は一般に、入口が土間で、中央を境に左右二つ構である。部屋には間仕切りをせず、隠れ場所を作らないのが規定であった。しかし大名等が休む茶屋では茶屋本陣などと称し、旅籠屋に劣らない家作のものもあった。

茶屋の多くは繁盛し、給仕する女性は茶屋女と言われて売笑を求められた。幕府は延宝六年（一六七八）に新規の茶屋の営業を禁止する一方で、従来の茶屋の給仕女数を一軒につき二人以内として衣装は麻・木綿に制限し、営業は明け六つから暮れ六つまでとした。しかし宿端茶屋による飯盛旅籠屋まがいの営業行為は、次第にエスカレートした。旅籠屋の留女《とめおんな》と茶屋女が宿内はおろか、宿外れまで出向いて客引き合戦を行った。幕府は正徳二年（一七一二）以降、しばしばこうした行為を禁止したが、効果は少なかった。

人物東海道・御油　広重

宿と宿の間にある立場茶屋でも多くの旅人が休んで賑わったので、茶屋のある地域を間《あい》の宿《しゅく》などと称した。東海道筋では、瀬田・大浜・梅沢・南湖の立場茶屋が特に賑わい、宿場でもないのに旅人の求めに応じて人足や馬を手配したりした。

松並木は街道の象徴

幕府は宿場の設置と併せ、街道の整備にも着手した。最も目立つ施策としては、並木の植樹と一里塚の構築が挙げられる。

街道の並木としては、すでに奈良時代に全国の駅路に果樹を植えたことがあり、鎌倉時代にも東海道の萱津《かやつ》付近に並木を植えたという記録がある。織田信長や豊臣秀吉も並木を植樹した。

江戸幕府による並木の植樹は慶長九年（一六〇四）に着手されたと言われているが、確かな証拠があるわけではない。おそらく信長・秀吉が行っていた植樹を江戸幕府が継承したのであろう。

並木を植樹する際には、根枯れを防止するために土盛りした。土盛りの高さが人間の背丈程もある場合もあり、そのような場所ではその土盛りによって両側の景色が遮断された。

並木の樹木はほとんどが松であったが、松が育成しない土地には杉、なかには楓《かえで》や檜を植えたところもある。松は、江戸時代初期には平野部に植樹されることが少なく、並木となれば街道の象徴的な景観を呈したはずである。

幕府はこの後も並木の保全策を講じた。枯れた跡へは補植する一方で、並木の落ち葉・枯れ枝などの処理に至るまで道中奉行の許可が必要で、下草《したくさ》や蔦《つた》の除去については地元宿村の負担とした。

元禄四年（一六九一）に江戸へ参府したケンペルは「西海道の一部に於て、又東海道に於ては、間々なる都市町村を除く外は、大抵路の両側に間隙せまく、又真正に並びたる松の並木ありて、日の陰をなし、又旅人の慰安となる」と評している（『ケンペル江戸参府記』異国叢書）。松並木は炎暑・寒風を防止し、時に休息の場として旅人から重宝された。

駄賃の目安となる一里塚

一里塚の起源についても定かでない。しかし一般的には慶長九年（一六〇四）八月、江戸日本橋を起点とし、三六町（約四キロメートル）ごとに塚を築いて榎《えのき》を植えたと言われている。三六町を一里に統一したのは秀吉なので、一里塚についても前代の政策を継承したのであろう。

塚の上に植えた樹木については、面白い逸話がある。それは、年老いて耳が遠くなった大久保彦左衛門が家康に、街道には松を植えたが、一里塚には何を植えるか聞くと、家康が松以外の「余の木」と答え、それを榎と間違えて植えてしまったというのである。もちろん採るに足らない話ではある。

天保十四年（一八四三）前後における五街道の一里塚で、植樹してあるものは八四パーセント、樹木は総数五八一本である。榎が三一九本と圧倒的に多いが、松一五七本、杉四六本、そのほかに桜・栗・槻《つき》・椋《むく》・檜・樫・雑木などがそれぞれ八〜四本ずつであった。

並木と同様に、一里塚の効用も多様であった。旅の行程の目安にもなるし、道標の役割も果たしたが、特に途中で雇った人足や馬の賃銭を決めるのに便利であった。

慶長十四年に江戸・駿府から長崎へ旅をしたドン・ロドリゴは、一里塚と並木について「里数を尋ぬる必要なからしめる為め之を測り、一レグロの終る所には小山一つと二つの樹木を置けり」と記している（『ドン・ロドリゴ日本見聞録』異国叢書）。すでにこの時期には、一里塚がほとんど完備していたことがわかる。

一里塚は、道路の付け替えを行う場合には、位置を移動すべき性格のものである。しかし江戸時代を通じて道路の付け替え例が多くありながら、ほとんどの一里塚は最初の位置から移動していない。東海道から分岐する脇道が重要度を増した場合に、東海道の既存の一里塚から計測して一里塚を増設した程度である。

一里塚の場合、その上に植えられた樹木も含めて、並木ほどには管理が徹底していなかったようである。中期以降になると各種の道中記《どうちゅうき》が出回り、前期に果たしたほどの役割がなくなったのであろうか。

道路の付け替え

長い歴史を振り返れば、東海道は概して丘陵地帯から平野部を通る道に替わっている。家康による宿場の設置直後にも、自然環境の変化や新田開発による集落形成などにより、各地で臨機応変的に部分的な東海道の付け替えと整備が行われた。

元和二年（一六一六）から四年に行われた箱根越の付け替えは、最も大きな変動であった。ただしそれ以前でも、すべての人が足柄越《あしがらごえ》をしていたわけではなく、整備の行き届いていない箱根越をする人もいた。

寛永末年には、臨機応変的な東海道の付け替えが大体終わった。これ以降の付け替えは、幕府の主導により計画的に実施された。

明暦元年（一六五五）と天和二年（一六八二）には朝鮮使節の通行を控え、薩埵峠の道が開かれた。当初、この辺りの東海道の道筋は海岸であり、まさに「親知らず子知らず」の危険地帯であった。それを新しく山の中腹を切り開いて付け替え、さらに途中から山側に切り開いたのである。後に、当初の道を下道、付け替えた道を中道、最後に付け替えた道を上道と呼ぶようになった。

浜松・見付宿間は当初、天竜川を挟んでほぼ直線で通じ、距離は三里七町であった。ところが東岸の渡船場が次第に北上し、寛文元年（一六六一）には天竜川渡船を運営する池田村地内に移り、距離が一里も延びたので駄賃を改定した。その際、見付・池田間にあった作場道《さくばみち》（池田近道）の入口に旅人の往来を禁止する制札を建てたので、建前としては利用できないことになった。

東海道の本道を池田近道に変更しなかったのは、すでに長森の立場茶屋をはじめとする交通施設ができていたからであろう。しかし三角形の一辺の論理で、旅人にとっては池田近道の方が便利である。制札があっても利用は止まず、地元では道中奉行からしばしば咎められている。

しかし『東海道中膝栗毛』では、馬に乗る喜多八は本道を迂回したものの、徒歩の弥次郎兵衛は「かち道」であるこの池田近道を利用している。駄賃・人足賃を払わない旅であれば、近道を利用するのが一般的であったのであろう。

宿場の移転にともなう東海道の付け替えの事例も多い。吉原宿は寛永十九年（一六四二）と天和二年（一六八二）の二度、元の位置より北方に移転した。新居宿は元禄十四年（一七〇一）と宝永五年（一七〇八）の二度、それぞれ西方へ移転した。宝永五年には白須賀宿も従来の潮見坂下より坂上へ移転した。移転に際しては、もちろん東海道の付け替えがあり、それにともなって人馬賃銭も改定された。

橋梁の付設

道路の整備と並行して、橋梁の発達も著しかった。ただし東海道の場合には、当初は軍事的な配慮から、そして中～後期になると過去の慣例と地域の事情を考慮して、遠江国以東のほとんどの大河川には橋を架けなかった。

大河川の架橋は幕府や領主が出費する御普請《ごふしん》であり、小規模な橋は所在地の宿村が負担する自普請であった。東海道ではないが、伊豆国の橋の多くは、橋を利用する村々が共同して費用を出す勧《かん》進橋《じんばし》であった。

橋は、素材からみれば板橋・石橋・土橋である。板橋と石橋は、御普請による場合が多い。桁《けた》橋も多くは木桁を用いたが、時に石桁や石柱を使うこともあった。

江戸の日本橋は、慶長九年（一六〇四）より里程の元標になった江戸時代を代表する桁橋である。慶長八年に日本中の人々を集めて架けたので、日本橋の名が付いたと言われている。もちろん災害や老朽化により、江戸時代を通じて何度も架け替えられた。

もともと渡船で越していた川に橋を架けたり、逆に橋を取り払って渡船に代えた川もある。浜松宿の東を流れる馬込川は、当初は地元の船越一色村が渡船を運行していた。しかし元和五年（一六一九）頃に上流で彦助堤が完成して流量が減ったので架橋し、船越一色村は代わりに天竜川の渡船運営に参加するようになった。

多摩川の下流の六郷には戦国時代より架橋されていたが、貞享五年（一六八八）に橋が流失したので渡船に切り替えた。渡船収入は大きく、これにより川崎宿の財政を立て直しただけでなく、東海道筋の多くの宿場にも収益金を配当した。

土山宿の西を流れる田村川は川幅が二〇間もあるが、橋がなかったので旅人が難儀をした。そこで安永四年（一七七五）末に自普請により高欄《こうらん》付の板橋を架けた。その際、道中奉行へ出願し、御用通行や武家・近在者を除く旅人から、人一人・荷物一駄ともに銭三文の通行料を取る高札を掲げるようになった。言わば、公認の有料橋である。

非公認の有料橋もあった。東海道の本道ではないが、先の池田近道沿いの一言村では田のなかに橋を架けて旅人を有料で通していた。安永四年には浜松・見付宿と池田村が代官に対し、過去に板橋を架けて領主から停止されたが、再びひそかに橋を架けて賃銭を取ったために咎《とがめ》を受けたので、今後は必ず止めると誓約している。

道路の整備

東海道の道幅は、原則的に二間（約三・六メートル）以上としたが、山道ではそれに満たない場所もある。江戸に近い関東地方の東海道は大体が四間前後で、東海地方では三〜四間のところが多い。関西地方では二間前後であるが、石薬師・庄野宿間には三尺（約九〇センチメートル）のところもある。

道幅は、宿場のなかに入ると広くなる。特に人馬荷物の継替で人が集まる問屋場の前や、参勤交代の大名が休泊する本陣前は、宿場のなかでも一段と広くなっているのが普通である。

先のドン・ロドリゴは、東海道の道の様子について、次のように記している。すなわち「此の如く広大にして交通盛に、又街路及び家屋の清潔なる町々は世界の何れの国に於ても見ることなきこと確実なり」として、その広さと美観に驚嘆しているのである（同前）。

外国人が世界で最も美しいと評価した東海道の整備と保存は、実は幕府による沿道宿村に対する夫役《ぶやく》動員と、農民による収穫量を高めるための不断の努力によって成り立っていたのである。

すなわち幕府は沿道宿村に対し、自らの地先の道路について定期的に掃除することを義務づけた。それを居村掃除丁場《いむらそうじちょうば》という。地先の道路が長区間にわたる場合には、街道筋から離れた村々も動員して掃除に当たらせた。なかには数里も隔たった東海道筋に掃除丁場をあてがわれた村もあり、大きな負担になった。

遠江国の草ケ谷村では、村から三里程隔てた東海道の掃除丁場七六間半を担当した。同村では、毎月朔日・十五日・二十八日を月次《つきなみ》掃除とし、そのほかにも重要な通行がある時には三日以前から土手の芝を刈ったり掃除をしている。ほかの宿村も同様であったはずである。

特に宿場内では、幕府役人や参勤交代の大名等が通る際に掃除を丁寧に行うだけでなく、道路に盛砂《もりすな》をしたり、見苦しい物などを覆って隠したりした。休泊場所の本陣でも、清めのために盛砂や盛塩をした。

先のケンペルは往還掃除について、それを監督する者は苦労する必要がないと観察している。なぜなら「沿道近くに住む農民は利欲の上より忽道路の不潔物を己が用に供し、寧ろ先を争ふてこれを取去る」からであると書いている（同前）。馬糞などは肥料として最も有益であり、道端の芝草も大切な肥料であった。

ケンペルは、このことに関して若干茶化して書いているが、道路が美しくなって収穫高も上がるのであれば、一石二鳥である。むしろ農民のこうした不断の努力を評価すべきであろう。

道標と常夜灯

東海道に限らず、さまざまな旧街道沿いでは、常夜灯などの古い石造物を見かけることができる。むしろほかの旧街道に比して、東海道は少ないぐらいである。これらの石造物は一面で道標の役割を果たしたのであるが、東海道では整備が行き届いており、旅人が道を間違える可能性が少なかったからでもあろう。

それでも大社寺の門前や脇往還との分岐点などには、道標や常夜灯が建てられている場合が多い。特に駿河・遠江・三河国の東海道筋には、秋葉山の常夜灯が目立つ。

島田宿の大井神社前にある石灯籠は、江戸・京都・大坂などの通《とお》し日雇《ひやと》い仲間が奉納したものである。関宿の東の追分は伊勢別街道の分岐点で、ここには神宮の二の鳥居が建っている。飛脚屋である江戸の嶋屋と大坂の津国屋が元文五年（一七四〇）に奉納したもので、「是より外宮十五里」と刻んである。

東海道と中山道が合流（分岐）する草津宿の東端にも、文化十三年（一八一六）に大坂・江戸・播磨・摂津国などの定飛脚問屋などが寄進した道標が建っている。通し日雇いや飛脚屋などの交通業者は、東海道と運命を共同にしているので、感謝の意味を込めて奉納したのかも知れない。

赤坂宿の関川神社は東海道に面する小さな祠《ほこら》であるが、そこには芭蕉句碑と並んで座頭《ざとう》仲間が奉納した鳥居が建っている。宿場の座頭は宿泊者を相手に仕事をしたので、そのことに感謝を示したのであろう。

大津宿から京都へ通ずる逢坂山の山中には、代官が旅人の難儀を救うために寛政六年（一七九四）に建立した常夜灯がある。七里の渡しの熱田

保永堂版東海道・平塚　広重

と桑名にも常夜灯があったが、これは船舶の灯台の役割を果たしていた。

　これらの道標や常夜灯の存在は、旅人に安心感を与えた。しかしだれもが勝手に東海道筋に石造物を建てられるわけではなく、いちいち道中奉行の許可が必要であった。常夜灯は夜間の点灯が必要であるが、その費用は建立者が負担するのが原則であった。

　東海道筋で目立つ石造物としては、道標や常夜灯よりも傍示杭《ぼうじぐい》である。傍示杭はもともと荘園の荘界を示すものであったが、江戸時代には大名の所領の境界を示し、また一般の道標も傍示杭と言ったりした。東海道筋に所領の境界を示す傍示杭が多いのは、幕府・旗本領のほかに中小の譜代大名が多く配置され、所領が入り組んでいたからである。

　現在残る傍示杭は直方体の石に刻まれているものが多いが、江戸時代には木材に墨書したものが主であった。歌川広重の保永堂版「東海道五拾三次」（以下、広重「五拾三次」と略す）には、各所でこの木製の傍示杭を画材に取り入れている。所領の境界を示す傍示杭でも、道中記と照らし合わせれば十分に道標として機能した。

朱印改め番所

東海道をはじめとする五街道筋には、幕府が定めた交通制度を守らせるための特殊な施設があった。身分制社会の下で、特に上級身分の者のなかには権威をふりかざして宿役人の指示を守らず、人馬役負担者の疲弊を招くことがあったからである。

慶長六年（一六〇一）正月に東海道へ宿場を設置した時、各宿では伝馬朱印状が渡された。朱印や証文による人馬は無賃であるので、各宿が朱印状の真偽を改めるためである。

朱印・証文人馬を利用するのは、一部の特権階級である。江戸を出発する際、江戸伝馬町の伝馬役所に朱印状などを見せておくと、伝馬役所から各宿へその人馬数と利用日が伝達される。そして朱印状そのものは、朱印人馬を利用する者が携帯して出発することになっていた。

当初は、各宿では朱印人馬の利用者が携帯してきた朱印状について、押された朱印を実際に改めていたのであろう。浜松宿では、問屋が改め役となって問屋会所で改めていたが、やがて藩から役人が出向いて改めるようになり、寛永十五年（一六三八）よりそれを中止したという。

朱印状を携帯する者と改める側では身分が異なり過ぎ、何よりも朱印状そのものに権威がつき過ぎたからである。そういう状況のなかで、熱田宿だけは後々まで朱印改めを行っていた。

児玉幸多著『宿場と街道』によれば、熱田宿の東海道と美濃路が分岐する場所に朱印改め番所があり、尾張藩抱えの江崎家が改め役を世襲していた。改め方法は、朱印状携帯者が熱田宿に休泊した場合には改め役がその宿所へ出向き、直通の場合には朱印改め番所へ立ち寄らせて改めることになっていた。改めると言っても手に取って調べるわけではなく、三方《さんぼう》の上に朱印状を乗せ、まず拝礼をしてから口に手を当てて改め、また拝礼をして引き取るのが実情であったという。

貫目改め所

宿人馬が運ぶ荷物の重量には制限があり、その制限を超えることを過貫目《かかんめ》と言った。幕府は宿を設置して以来、過貫目の荷物の継立を禁止し、宿問屋へ秤を与えて計量するように命じた。しかし人馬の利用者が幕府役人や大名であったりすると、宿役人がその過貫目に対して明確に指摘できないという現実もあった。

幕府は、正徳元年（一七一一）から六年の間に、当時幕政に参与した新井白石の意見によりさまざまな道中行政の改革を行った。その一環として正徳二年三月、東海道の品川・府中・草津宿、中山道の板橋・洗馬宿に貫目改め所を設置した。品川・板橋は東海道と中山道の最初の宿場であり、府中は駿府城代・城番・町奉行などが常駐して江戸との往復が頻繁な都市、洗馬は中山道と北国往還との分岐点、草津は東海道と中山道の合流(分岐)点である。これらの五カ所に貫目改め所を設置すれば、両街道を通る公用荷物のほとんどを計量できる仕組みであった。

五カ所の貫目改め所ではその設置に際し、道中奉行へ次のような誓約書を出した。それは、貫目改めや人馬の触当てに関してえこひいきをせず、貫目改めに際しては往還が滞らないように荷物付け替えの時に重い荷物だけを秤にかけ、旅人へ無礼のないように、また荷物の過貫目もないようにする、というものである。

府中宿の貫目改め所は上伝馬町の問屋場に併設

された。ここには、梁《はり》から二六貫の竿秤《さおばかり》が吊り下げられており、朝五つ（八時）から夕七つ（四時）まで幕府の目付が出仕していたが、文政四年（一八二一）からは駿府町奉行の同心二名が毎日出仕するようになったという。

なお、幕府は寛保三年（一七四三）に日光道中の千住・宇都宮宿、文政五年（一八二二）に甲州道中の内藤新宿・甲府柳町、天保九年（一八三八）に中山道と北国街道の分岐点の追分宿にもそれぞれ貫目改め所を増設した。これによって五街道の出発地や分岐点には、すべて貫目改め所が設置されたことになる。

交通の障害

出女に厳しい箱根の関所

江戸幕府は街道の整備に努めて交通の発達を目指す一方で、要地に関所を配置したり、故意に大河川に橋を架けない政策も併用した。当初の目的は、幕府の政治的基盤である江戸を中心とする関東を防衛するためであった。

幕府が全国に設置した関所は、小規模なものを含めると全部で五〇カ所余もある。そのうち東海道の箱根・今切、中山道の碓氷・木曾福島、甲州道中の小仏関所は特に重視され、その裏道には裏関所も設けられた。

元和四年（一六一八）に箱根宿が開設されるまでは、東海道の通行者は足柄越が多かった。家康は関東に入部すると、直ちに足柄越の通路の矢倉沢に関所を設置した。しかし箱根宿の開設にともない箱根越が一般的になったので、宿開設の翌元和五年に箱根宿外れの江戸寄りに関所を設置し、小田原藩にその管理をゆだねたのである。

中期の事例では、関所役人は番頭《ばんがしら》を筆頭に二一名であったが、実際の管理は藩主の転封に関係なく世襲した三名の定番人《じょうばんにん》が当たっていた。備え付け武具類としては、弓五張・鉄砲一〇挺・長柄一〇本・大身槍五本・三道具一組などがあった。備え付け式具は実際に使用することは少なく、むしろ通行人に対する威嚇の役目を果たした。

関所改めの対象は、当初はいわゆる「入り鉄砲に出女」であった。しかし西方には同じ東海道の新居に今切関所があって「入り鉄砲」を改めており、新居・箱根間には外様大名も配置されていないので、やがて「出女」を主な対象とした。

双筆東海道・荒井　広重・三代豊国

「出女」と関連して、西方に向かう禅尼・尼・比丘尼《びくに》・髪切・小女《こおんな》・盲女等が検閲対象となり、手負・囚人・首・死骸・乱心者等については事件の疑惑もあるということで男女ともに改めた。これらの人々が江戸より出発して西方に向かう場合には、幕府の留守居《るすい》が発行する関所手形が必要であった。有効期限は発行日の翌月晦日《みそか》までであり、この面でも交通の発展を阻害した。

一般の男性が西方に向かう場合は、制度的には関所手形は不要であった。しかし通過する時に関所役人から厳しい取り調べがあるので、多くの人は居住地の名主や旦那寺に関所手形を書いてもらったり、時には関所近くの旅籠屋で書いてもらうこともあった。旅人の身元証明書である往来手《おうらいて》形《がた》が、関所手形の役割を兼ねることもあった。

旅人の多くは、箱根関所を越えると「山祝い」と称し、箱根宿の茶屋などで酒を酌み交わしたりした。関所破りは親殺し・主殺しに次ぐ重罪であるので、だれでも関所の無事通過はうれしかったのである。箱根の周囲には、根府川・矢倉沢・仙石原・川村・谷ケ村に裏関所が配置されていた。

西方から江戸へ向かう場合には、男女ともに名前や旅の目的を告げる程度で通過することができた。安政二年（一八五五）に今切・気賀関所を破って出羽国へ帰った清河八郎とその母も、箱根関所では名前を告げるだけで通過した。

最大規模の今切の関所

浜名湖口の今切《いまぎれ》には、戦国時代に今川氏によって関銭を徴収するための関所が設けられていたこともあった。関ヶ原の役の直後、徳川氏は改めてここに関所を設けた。今切渡船場の新居側に設けられたので今切関所とも、新居関所ともいう。

当初、幕府は関所奉行として一千〜五千石程度の旗本を派遣し、配下に与力一五騎・同心五〇人前後をおいた。幕府直轄の関所奉行制は全国でここだけであり、役人の数も最多であった。

元禄十四年（一七〇一）閏八月、幕府は関所奉行制を廃して管理を三河国吉田藩にゆだね、同時に関所守衛のために新居宿とその周辺を吉田藩領にした。吉田藩では、新居宿の町方《まちかた》支配のために町奉行をおき、関所運営のために者《もの》(物)頭《がしら》二名以下の関所役人を配置した。者頭のうちの一名は関所奉行制以来の役人で、藩主の転封に関係なく代々世襲した。中期の事例では、備え付け武具類として弓二五張・鉄砲二五挺・長柄一〇本・矢箱一荷・玉薬箱二荷などがあった。

今切関所では「入り鉄砲に出女」だけでなく、江戸方面へ向かう鉄砲以外の武具類や女性も改めた。「出女」と付随する人々については、留守居が発行する女手形が必要であったのは箱根関所と同じである。「入り鉄砲」については、老中が発行する鉄砲手形がなければ通過できなかった。

江戸方面に向かう女性についても、所定の女手形を必要とした。女手形の発行者や書式が複雑で、今切関所までたどり着きながら、書き直しを命ぜられて出発地へ戻った女性も多い。

今切は、湊でもあったので、今切湊に出入津する他国の廻船《かいせん》も取り調べた。文化十五年（一八一八）に肥前国唐津から浜松へ転封した水野忠邦の荷物は、船で運ばれて今切湊で下ろすことになった。その際、荷物のなかに鉄砲六九挺があり、しかも江戸からその鉄砲手形が到着していなかったため、一時下ろすことを止められた。これにより、検閲の徹底振りが推測できるであろう。

現在、新居（今切）関所は全国で唯一旧態を残し、国の特別史跡に指定されている。その傍には史料館があり、江戸時代の交通や関所の様子を再現している。

今切関所の裏関所として、浜名湖北岸を通る本坂通（姫街道）には気賀関所がおかれた。さらに気賀の東方から三河国の鳳来寺へ通ずる金指村にも裏関所がおかれた。

このように江戸時代には交通の発達と裏腹に、関所で通行人などを厳重に改めた。幕府が関所を

保永堂版東海道・川崎　広重

設置した当初の目的は前述した通りであるが、幕府への反乱の可能性がほとんどなくなった中期以降も検閲を徹底した。そのことから、関所は反乱の未然防止策であると同時に、領主による人口移動の防止策でもあったという見解もある。

ただしこのように厳しい関所ではあったが、庶民の抜け参りには寛容であった。抜け参りの大規模なお陰参りの時などは、関所破りを見て見ぬ振りをすることもあった。関所手形を持たない旅人が関所で役人から呼び止められ、戻るように指図されたので、戻る振りをして目的地の方面に向かったという信じられないような話も残っている。

収入の大きい渡船運営

関所とともに、橋の架かっていない河川・湖沼などの徒渉も旅人を悩ませた。特に東海道では、遠江国以東のほとんどの大河川に橋が架かっておらず、渡船か、あるいは徒渡《かちわたり》であった。

当初、渡し場は適宜、安全な場所を選んで設定していたが、大体十七世紀半ばまでに固定化した。固定化してからは、その場所以外で渡ることを横越《よこごえ》と言って禁止した。ただし禁止したからと言って、皆無にならないのはいつの世でも同じである。

東海道で渡船を利用した川は、東から順に六郷・馬入川・富士川・天竜川、それに今切渡しと宮から桑名への七里の渡しや四日市十里の渡しである。このうち六郷では、当初は架橋されていたが、途中で渡船に切り替えたことは前述した。

静岡県内各地の具体的な渡船制度については別項で述べるが、宿駅の人馬継立制度と同様に徐々に整備されたものである。そして共通している点は、渡船を運営している宿場や村々では、六郷渡船の川崎宿の例でわかるように、大きな収益をあげていたことである。

富士川渡船の運営は流路が固定してからは岩淵村が独占していたが、対岸の岩本村が同様の権利を主張して、三分の一を勝ち取った。今切渡船を運営した新居宿は人馬継立では赤字経営であったが、渡船により赤字分を補填していた。

渡船賃は、原則的に武士は無賃であり、庶民だけが支払った。それでも運営に魅力があるということは、それだけ渡船労働に比して渡船賃が高かったということである。

越すに越されぬ大井川

東海道筋での徒渡による比較的大きな河川は、大井川・安倍川・興津川・酒匂《さかわ》川などであった。川越人足に頼って渡るか、あるいは自らの足で渡るのであるから、渡船より危険度が高い。

各河川の川越制度についても後述するが、なかでも特に大井川は危険であり、増水によって川越を止めてしまうことも稀ではなかった。これを川止めという。まさに「越すに越されぬ大井川」であった。

川越は、単に肉体的に危険というだけでなかった。川越人足の多くは、旅人から正規の川越賃のほかに、酒手《さかて》と称して余分の金をねだった。川越人足は裸であるから、人足に担がれる女性にとっては大きな精神的苦痛でもあった。旅人の多くは大井川を渡ると、箱根で「山祝い」をしたのと同様に、両岸の島田宿や金谷宿で「川祝い」の酒を酌み交わした。

大井川に架橋されなかった要因については諸説があるが、一般的には関所とともに江戸の防衛のためと考えられている。史実は明らかでないが、駿府城主であった徳川忠長が寛永三年（一六二六）の秀忠・家光の上洛の時、関東の要害である大井川に船橋を架けて家光の勘気に触れた話は有名である。あるいは、江戸時代前期には幕府が大井川を要害の地と考えたかも知れない。

しかし政治・社会情勢が安定してからは要害の意味が薄れ、川越人足や両岸の島田・金谷両宿の利害関係によって徒渡を継続したと考えるのが妥当であろう。中期以降の幕府による大井川への架橋計画に対し、両宿はそのつど、忠長の故事を示して反対しているからである。

川止めは大井川に限らず、各地の河川で頻繁にあった。天竜川などの渡船による河川でも、水位が一定以上になると川止めにした。これらの河川では水位が一定以下に下がると、川明けと言って川越業務を再開した。架橋された河川でも、橋の流失により川止めになることもあった。

川止め・川明けに際しては、原則としてそのつど、飛脚によって江戸の道中奉行へ届け出た。東海道をはじめとする五街道は、幕府の御用物を最優先で継ぎ立てるというのが大原則であり、川止めはその継立を中止するからである。

川止めは特に夏季に多かった。旅人のなかには、中山道の方が長距離で山道にもかかわらず、川止めの心配がなく旅の日程が安定していたので、東海道を避けて中山道を利用する者もいた。文久三年（一八六三）に十四代将軍家茂に降嫁した和宮の通行は、当初は東海道を予定していたのであるが、東海道では川止めで滞留すると治安の問題が生じる心配があり、中山道に変更した経緯がある。

厳しい峠道

最初に述べたように、東海道は畿内からみて東の海沿いの道である。ただし海沿いとは言っても、立地条件により丘陵地や峠道を利用せざるを得ない場所もあった。

東海道を江戸から西方に向かうと、ほぼ平坦な関東平野が二五里ほど続くが、やがて箱根峠（標高八五〇メートル）という大井川とともに東海道では最大の難所がある。薩埵峠（同一二〇メートル）・宇津谷峠（同一七〇メートル）・小夜の中山（同二六〇メートル）の標高はそれほどでもないが、急勾配の坂道である。鈴鹿峠（同三四九メートル）は、東海道の峠道としては箱根峠に次ぐ難所であった。

これに対し、同じ東西を結ぶ中山道は、碓氷峠（標高一一九〇メートル）から信濃国に入ると六〇〇メートル以上の標高が続き、美濃国に入っても中津川・細久手宿辺りまで急坂道が多い。中山道は、まさに山の中の道である。中山道に限らず、標高が高い地域では冬季に積雪があり、草鞋《わらじ》履きの旅人を悩ませるだけでなく、人足や馬にも厳しい労働を強《し》いた。

厳しい寒さや積雪のために、行き倒れになる者もいた。江戸時代中期頃、箱根山金剛院別当の観隆が、箱根の立場に接待所（施行所）を設けて旅人や宿場の人馬に粥《かゆ》や湯茶などを供したことがあるが、やがて中絶した。

代わって文化十四年（一八一七）に江戸町人の大友有隣が観隆の要請により、接待所を再開した。文政七年（一八二四）には有隣の孫の加勢屋与兵衛（友七）が、箱根道の畑宿と山中に冬季間の人馬の施行所を開いた。友七は続いて中山道の碓氷・和田峠にも施行所を設けた。幕府はこうした人道的な施設については、民間に任せるだけであった。

幕府の道中行政としては、これらの峠道に対して人馬賃銭や宿助成金などの面で若干の配慮をした。東海道箱根越の人馬賃銭をみると、坂道の小田原・箱根宿間の四里八町は、大磯・小田原宿間の四里の二倍以上の額で、しかも登坂路より下坂路の方が高額である。すなわち箱根越については、小田原・三島宿の約八里で人馬賃銭を決定し、疲労度よりは危険度を重視して賃銭配分をしたのである。

幕府は箱根道に、当初は竹を敷いた。それを延

保永堂版東海道・箱根　広重

宝八年（一六八〇）に石道にして、両側に悪水路を造成した。その後、何度か補修したが、特に文久元年（一八六一）には和宮の降嫁に備えて大改修を行った。ただし和宮は、前述したように結果的に中山道を迂回した。

石道の造成は、大雨による道路の損傷を防止することが最大の目的であり、付加価値的に旅人の便に供したかもしれない。しかし外国人の紀行文によれば、概して石道は滑り易くて不便であると評判がよくない。ヨーロッパの都市に敷設された石畳の道と比べれば、劣るのは仕方がない。

なお、これらの急峻な山地にはトンネルの掘削も考え得るが、江戸時代に実現したトンネルのほとんどは農耕用の水路である。街道に対するトンネルは、わずかに陸奥・九州地方にみられるだけで、五街道ではその計画すらもなかった。

宿場の任務と機構

東海道中五十三駅狂画・原　北斎

宿場の統制と宿役人

幕府の道中行政

江戸幕府の五街道に対する道中行政は、当初は伊奈忠次・彦坂元正・大久保長安らの代官頭が中心で、それに京都所司代の板倉勝重も加わったりした。しかし慶長十年代になると、幕閣の中核である年寄・老中が所管するようになった。寛永十年（一六三三）頃からは勘定頭へ所管が移り、寛永十四年前後には勘定奉行・町奉行・大目付を加える新方式に代わった。

これは幕府の職制の確立過程での変遷であるが、同時に時々の行政課題に対応した結果でもあった。すなわち、当初は軍事・行政的な見地から交通網の掌握と宿駅の設置が主な課題であった。しかし寛永十年代になると、宿財政や宿場近郷からの人馬の補充という新しい課題が生じ、そうした問題に対処できる役職者をあてたのである。

万治二年（一六五九）七月、幕府は高木守久を大目付に任じ、併せて道中奉行の兼帯を命じた。これにより兼帯ではあるが、はじめて道中奉行という役職を設置したのである。

この時期の宿場では、人馬数の補充が最大課題であり、幕府領だけでなく、大名領の村々も宿場の助馬村《すけうまむら》に指定する必要があった。大名の領国経営にも言及できる権限を有する大目付を道中奉行に任じたのは、そのためである。同時に、宿財政も大きな問題になっていた。そのため、これ以降も五街道に対する実質的な道中行政は、道中奉行と勘定奉行の協議によって進められた。

元禄十一年（一六九八）十一月、勘定奉行の松平重貞が道中奉行の加役《かやく》を命ぜられた。従来、実質的に道中奉行と勘定奉行との協議によって進められていた道中行政が、名実ともに二人制になったのである。勘定奉行の道中奉行加役にともない、勘定方から道中行政役人を出したので、職制として大分整った。

この時期前後には、助郷と宿場との間で人馬の勤め方に関する紛争が続発していた。そこで幕府は宝永四年（一七〇七）に各宿へ宿手代《しゅくてだい》を配置したが、後述するように短期間で廃止し、代わりに道中奉行に与力・同心を配属した。

幕末の嘉永四年（一八五一）八月、道中奉行は宿場ごとで宿組合を編成させ、その取締役に多くの権限を付与した。一方、幕末期の国家的な交通行政には、老中・大目付・留守居などの主要な幕閣が中心になって当たった。

宿場は二元支配

道中奉行が管掌する内容は、文字通り道中行政に限られた。すなわち、江戸時代は幕府の権限が強大であったとは言え、封建社会である。全国的にみれば、幕府領は七分の一に過ぎない。

東海道筋には幕府領が比較的多いが、譜代大名領や旗本領も混在した。私領の支配は原則的にその領主に属するが、私領を貫通する五街道の道中行政に限って道中奉行が管掌したのである。

五街道と宿場集落は、単に交通施設だけの機能を有したわけではない。地子《ちし》免除地以外では農村と同様に年貢が徴収されたし、住民同士、あるいは隣村などとの間で問題が生じることもあった。城下町に併設された宿場では、町方《まちかた》としての機能も重要であった。こうした民事行政は、幕府領の場合には代官が担当し、私領の場合にはその領主の町方・地方《じかた》役人が差配した。

宿場や沿道の住民からみれば、交通面については道中奉行の支配下にあり、年貢納入や民事行政面では個別の領主支配下にあった。江戸時代は一元支配を貫徹した社会と思われ勝ちであるが、五街道に限ってみれば二元支配であったのである。

五街道以外の道中行政については、道中奉行の権限が及ぶところではなかった。主要な脇往還であれば、幕府の勘定奉行がその地の代官や領主を介して間接的に支配した。陸上交通全般ということでは、勘定奉行の権限範囲は大きかった。

問屋と問屋場は宿場の中枢

宿場は交通機能とともに、一般村落、あるいは町方としての機能も有していた。そのために同じ集落内に宿駅業務を担当する宿役人と、村方・町方業務を統括する村・町役人の両方がいた。

宿問屋は宿役人の最高位にあった。人馬による継立の一切を管掌し、公用旅行者には宿泊施設の世話をしたりした。

問屋は、もともと戦国時代の伝馬問屋であったり、土豪の流れをくむ土地の有力者である例が多い。本陣を兼ねた例も多く、村役人の筆頭である名主や庄屋より上位に位置することが多かった。

ただし江戸時代中期以降になると、世襲の問屋制が崩壊し、新たに才覚のある人物が交代して就任する例も多くみられた。

新居宿では問屋の業務を巡り、承応三年（一六五四）から三年にわたって問屋と庄屋の間で紛争が生じた。その結果、明暦三年（一六五七）に幕府評定所で、次のような裁許があった。それは、問屋の役目は通行人の人馬差配と継飛脚《つぎびきゃく》・諸商人宿の管理などであり、庄屋は地方年貢などを管轄する、というものであった。結果的にみれば至極妥当な裁許であるが、問屋の職掌が明確になったという点でこの紛争と裁許の意味は大きい。

問屋は一宿に一～三名が普通であった。二名であれば月を半分に分けて業務を担当し、三名であれば一〇日交代というのが一般的であるが、これ以外の方法で分担した宿場もある。

もともと問屋は伝馬役や年貢諸役を免除され、

保永堂版東海道・藤枝　広重

荷物継立の優先権や荷物保管料（庭銭《にわせん》）の徴収などの特権を有したりしていた。しかし次第に宿役人化し、戦国時代以来の諸特権が縮小した。

そこで幕府は寛永十年（一六三三）より、東海道・美濃路の宿々へ継飛脚給米を支給しはじめた。さらに寛文五年（一六六五）からは、問屋給米も支給しはじめた。もっとも継飛脚給米と問屋給米の両方を支給されたのは、東海道以外では佐屋路の宿々だけである。そのほかの街道では、全く支給がなかったり、片方だけの支給であった。

宿場では問屋の家の一部を問屋場とし、そこへ宿役人一同が交代で勤務し、重要な通行であれば宿役人全員が出仕した。しかし中期以降には、公設の問屋場を設置した宿場も多い。

問屋場は、宿役人や下役だけでなく、実働の人足や馬士、あるいは人馬を利用しようとする旅人や物資が集まって混雑した。広重「五拾三次」の藤枝宿は、問屋場前の混雑ぶりを巧みにわかりやすく描いている。

宿役人と下役

問屋を補佐するのが年寄である。年寄のことを吟味役《ぎんみやく》と言った宿場もある。年寄の人数は一宿に二〜五名が一般的であるが、一〇名前後もいる宿場もあった。

問屋と年寄、それに村（町）役人の筆頭である名主（庄屋）を併せて宿方三役《しゅくかた》と言った。宿役人というのは、一般にこの宿方三役を指す。もっとも問屋は本陣や名主を兼ねていることが多く、年寄も村役人である組頭を兼帯している場合があった。

宿役人の下には、帳付《ちょうづけ》や馬指《うまさし》・人足指などがいた。これらの問屋場の下役は、言わば問屋の奉公人であり、問屋から給与が支給された。

帳付は、問屋場へ出勤して人馬の出入りやその賃銭を記帳するのが本来の役割であるが、実際には人馬の差配や通行人との交渉にも当たった。上司の問屋・年寄が道中奉行への嘆願や隣宿との交渉などで出張することが多いので、帳付は日常的に問屋場の中心的な役割を果たし、相当に高い資質が要求された。

馬指は馬方の指図をし、人足指は人足の差し引きに当たった。馬指だけで人足指をおかない宿場もあるが、その場合には馬指が人足指の仕事を兼ねていた。こうした場合には、両方を兼ねた名称の人馬指《じんばさし》と呼ぶこともあった。

このほか、帳付の上席に勘定役、馬指の下に小夫をおいたり、人足指の代わりに歩行《かち》役をおく宿場もあった。各宿の具体的な宿役人と下役については後述する。

廃止された宿手代

規定では、無賃の公用荷物は宿場が常備する人馬で継ぎ立てることにな っていた。しかし宿場に助郷が付属されると、問屋をはじめとする宿役人は宿人馬の権益を守るために、宿人馬へは駄賃収入の多い商人荷物を運搬させる一方、助郷人馬へ無賃や公定賃銭の公用荷物を負わせたりした。

宿役人の不正に対し、所轄の代官や手代は宿場を巡回して戒めることになっていた。しかし宿場は数が多く、代官所には数名の手代がいるだけであるから、幕府・道中奉行の規定や通達がなかなか徹底しなかった。

そこで幕府は宝永四年（一七〇七）に幕府領の宿々へ宿手代《しゅくてだい》と称する宿役人を二名ずつ配置した。宿手代の設置にともない、扶持米《ふちまい》支給のために幕府領村々へは村高一〇〇石につき六升の伝馬宿入用米を課した。

宿手代の職務は問屋を監視し、公用通行や宿・助郷人馬を取りさばくことであった。この時、幕府は私領の宿々に対しても、幕府領の宿々に準じて役人の派遣を命じた。これにより、宿場内での軽い事件などは幕府領であれば代官、私領であれば領主へ報告して処理されることになった。

ところが宿手代は宿場に常住したので、やがて宿内の者と懇意になり、問屋とも一味になることが多くなった。その結果、以前と同様に問屋は助郷人馬を不当に多く徴発して公用荷物の継立を負担させ、宿人馬へは商人荷物を運ばせることが続いたので、助郷村々の疲弊が増大した。

正徳二年（一七一二）二月、幕府は新井白石の献言により、宿手代を廃止した。その代わりに道中奉行へは新しく与力二騎・同心一〇人を付属させ、職制を強化した。宿手代を配置した時から幕府領村々へ課していた伝馬宿入用米は継続し、それを道中奉行に付属した与力・同心の扶持米にあてた。

宿組合と取締役

江戸時代中期以降、宿・助郷からの財政救済や人馬役免除の嘆願が増大した。特に天保の飢饉以降になると激増し、道中奉行だけでは取りさばくことができなくなってしまった。

嘉永四年（一八五一）八月、道中奉行は改めて東海道に宿組合を編成して取締役をおいた。組合は、品川〜箱根宿、三島〜府中宿、丸子〜舞坂宿、新居〜熱田宿、桑名〜草津宿である。取締役には、三島〜府中宿では府中宿の萩原四郎兵衛、丸子〜舞坂宿では島田宿の桑原古作、新居〜熱田宿では赤坂宿の平松弥一左衛門が就任した。

東海道の宿組合は、天明七年（一七八七）に編成されたが、寛政年間に中絶してしまった。幕府領の宿場には文政の宿駅改革の一環として宿組合を再編したが、これもほとんど機能しなかった。

しかし嘉永四年の宿組合の編成は、領主の異同を越えた画一的なもので、目的も多岐にわたっていた。目的の最重要点は、宿・助郷から助郷村数の増加・同免除の願書については宿組合と取締役を通じて提出させることであった。

嘉永四年九月に道中奉行が新設の宿組合を通じて出した触書には、次のようなことが記してある。それは、近来宿・助郷から人馬役の減少や免除・休役を出願してくることが多いが、検討して却下すると、それでも再三にわたって出願してくるので、今後は大体の願い事は無益と心得るべきである、というものであった。

宿・助郷からの苦情があまりにも多いので、宿・助郷と道中奉行の間に宿組合をおき、道中奉行の業務を減らそうとしたのである。ただし、これによって願書の提出が減ったわけではない。

宿人馬と助郷役

伝馬役は宿場の最大任務

江戸時代の宿駅に課せられた第一の任務は、公用貨客を人馬によって次宿へ継ぎ送ることである。これを伝馬役《てんまやく》、宿から宿への継送を宿継《しゅくつぎ》と言う。

宿人馬が次宿を通り越して、さらにその次の宿場などへ継ぎ送ることを「追い通し」と言い、原則的に禁止されていた。ただし宿と宿との間が短距離である場合には、合宿と言って二つの宿で一宿分の継立を行った例もある。

宿場は村や城下町などによって成り立っているが、例外もある。多くの宿場は一つの町村で構成されている。藤枝宿は上・下伝馬町と平町六カ町の計八カ町で成り立っているが、この八カ町は八カ村がそれぞれ村の一部を提供したものである。

宿場では、起立の際に伝馬役の負担者が決められた。伝馬役は通常、街道筋に面した屋敷に課せられ、間口の広さに応じた量を負担した。この屋敷を伝馬屋敷と呼ぶ。

ただし宿場の中心部と宿端では享受する利益が異なるので、屋敷の所在地により負担量に差異を設けたりもした。中期以降になると、それぞれの伝馬屋敷の価値が当初と変化したので、間口負担制から年貢と同様に石高負担制に変更した宿場もある。

城下町などでは、全体のなかの一部が伝馬役を負担した。浜松宿では当初、十王町だけが伝馬役を負担して伝馬町と名付けられたが、やがてそのほかの五カ町もそれに加わるようになった。それでも浜松は全体で二四町であるから、伝馬役町はそのうちの四分の一ということになる。

三島宿は城下町ではないが、二一町からなる大きな町域であった。中心部の伝馬・久保・大中島・小中島町と、六反田・新宿の両町を加えて六カ町だけが伝馬役を負担した。

城下町でもある藤枝宿は、前述したように街道に面する八カ町が伝馬役を負担した。しかしその中心部に位置する白子町は、祖先に家康救助の伝説があって諸役を免除されていた。

伝馬役には、馬役と人足（歩行《かち》）役がある。通常、人足役は馬役の半分で、たとえば間口六間で馬一疋を負担するとすれば、間口三間で人足一人を出した。もっとも馬役と人足役の家は固定したものではなく、隔年で勤めることもあった。

東海道の宿々は百人・百疋

慶長六年（一六〇一）に宿場が設置された時、各宿は伝馬三六疋を常備しておくことが義務づけられた。しかしこの直後から、幕府による大通行が頻繁にあった。慶長十九年（一六一四）と翌元和元年には、大坂の陣のために大勢の軍隊が移動した。大通行には、宿人馬だけでは到底不足であるので、臨時的に在郷馬《ざいごううま》を雇って対応した。

こうした動向に対応し、常備人馬数を拡充した宿場もある。しかし宿駅制度は人馬の宿継により成り立っているから、一部の宿場だけが人馬数を拡充しても東海道全体ではあまり意味がない。

寛永十二年（一六三五）に参勤交代が制度化されたので、毎年定期的に大通行が出現した。幕府はこれに対応し、寛永十四年三月に幕府領宿々に助馬村《すけうまむら》を付属させた。

寛永十四年十月には島原の乱がおこり、幕府・大名連合軍の一二万人余が派兵された。宿々では行軍用の人馬の確保のために苦慮した。一揆鎮圧後、こうした宿々へは、幕府から褒賞が与えられた。

しかしすでに参勤交代が恒常化しており、各種の公用旅行者も増加する一方であるので、宿人馬の不足は深刻であった。幕府も島原の乱での派兵を通じ、宿人馬の拡充の必要性を痛感した。

寛永十五年十一月、幕府は東海道の宿々に対して六四疋の伝馬の拡充を命じた。これにより東海道の宿々では、寛永二十年前後までには常備人馬がすべて一〇〇人・一〇〇疋になったのである。

これ以降、実態は別にして、東海道の宿々の常備人馬は建前上では一〇〇人・一〇〇疋体制が続いた。同じ五街道の中山道が五〇人・五〇疋（木曽一一宿は二五人・二五疋）、日光・奥州・甲州道中では二五人・二五疋であるから、数において東海道が出色であったことがわかる。

伝馬屋敷の拡大

慶長六年（一六〇一）の宿場の設置に際し、宿々は伝馬一疋につき三〇～一〇〇坪の伝馬屋敷地の地子を免除された。寛永十五年（一六三八）前後の常備人馬数の拡充にともない、各宿の伝馬屋敷をさらに拡大した。

寛永十五年十一月、吉原・蒲原・原・由比宿には、拡充する伝馬一疋につき屋敷地一〇〇坪を免除する通達があった。寛永十七年正月には江尻・舞坂両宿が、拡充した二年前にさかのぼって同じく一疋につき一〇〇坪の地子を免除された。両宿は、これで伝馬屋敷が合計二町一反余になり、分米として江尻宿では一年間に米二一石余、舞坂宿では一〇石余を支給されるようになった。同じ面積で分米が異なるのは、石盛《こくもり》の差異による。

このほかの各宿でも寛永十年代後半を通じ、同様の方法で伝馬屋敷地が拡大された。算定基準は一疋につき一〇〇坪であったので、東海道の各宿の伝馬屋敷は原則的に計一万坪になった。

もっともすべての宿々が一万坪であったわけではない。新居宿と熱田宿は、別途方法で屋敷地を免除されていたので、名目的な伝馬屋敷地はない。箱根・蒲原・由比・丸子・日坂・舞坂・白須賀宿も一万石には達していないし、御油宿より西方の宿場でもほとんどが達していない。

伝馬屋敷地が一万石を越える宿場としては、品川・三島・藤枝・島田・金谷・掛川・袋井・見付・浜松・吉田・岡崎・四日市・土山・水口宿がある。

総じて、伝馬屋敷地が広い宿場は城下町であったり、交通夫役の過重なところである。

　こうした一定の屋敷地の地子免除は、宿場のほかに城下町・門前町・湊町などでもあり、江戸時代における町方特有の優遇税制である。東海道の宿々が、一般に宿場町と称せられる一つの根拠である。

宿場の伝馬役を支えた加宿

　東海道の宿々は一〇〇人・一〇〇疋の人馬を常備することになったが、その数を揃えることができない宿場もあった。そうした宿場では人馬数のうちの一定の割合を決めて人馬を出し、それ以外を別の村が負担した。すなわち助郷《すけごう》人馬の徴発に先行し、宿とともに常時人馬役を負担するわけである。その村を加宿《かしゅく》、または宿付《しゅくづき》と呼ぶ。

　加宿・宿付はそれぞれ加宿助郷・宿付助郷とも言い、五街道のなかでも中山道以下の街道宿々で多く指定された。東海道では、駿河・遠江・三河国の宿場に比較的多く存在した。

　加宿や宿付は、財政事情などにより変更することもあった。天保十四年（一八四三）頃に加宿・宿付を有する東海道の宿場をみると、平塚・大磯・沼津・吉原・由比・江尻・岡部・金谷・舞坂・新居・白須賀・二川・藤川・四日市・石薬師の一五カ宿である。

　加宿・宿付に指定された時期や負担方法も一様ではないが、一～二カ村の加宿の場合には伝馬役の三分の一を負担した例が多い。その際には、宿場の有する地子免除地のうちの三分の一を加宿側に分与するのが一般的であった。

　加宿・宿付は、単に宿場の伝馬役の一部を負担するだけで、宿場が許されていた旅籠屋などの宿泊施設の設置を認められなかった。そこで街道に面する加宿の村々では、茶屋を設置して旅人を呼び入れ、それが宿との紛争の要因になった。

相対助郷から指定助郷へ

初期の臨時的な大通行に際しては、幕府の指示により各宿の責任において近在の村々から、双方の納得の上で人馬を雇っていた。こうした在郷人馬を徴発する方法は、宿場と村々の相談で決まったので、一般に相対助郷《あいたいすけごう》と呼んでいる。

しかし参勤交代の制度化によって大通行が頻繁になり、それに応じて宿場の常備人馬を拡充させたものの、人馬数の不足は恒常化した。その際、大通行のたびごとに在郷人馬を雇うのでは機能的でないので、宿場周辺村々から村高に応じて人馬を提供させる助馬制を導入した。

寛永十四年（一六三七）三月、幕府の目付は幕府領の宿々に対し、次のような内容の定書《さだめがき》を提示した。それは、今度助馬に指定した村々を町（宿）と同様に高役にしたので、大通行で町馬が不足している時に人馬を徴発し、それでも不足する時にはさらに御料《ごりょう》・私領にかかわらず近在からも馬を出させて駄賃を取らせる。その際、助馬から上前を刎《は》ねることなく、宿と相対にすること、というものである。

助馬の設定については、同じ東海道でも三河国以西と遠江国以東では若干の差異がある。遠江国以東では、一部を除き助馬高が大体二千石で、助馬村が出す馬は四〇疋であるから、助馬高五〇石につき一疋という基準であった。それに対し、三河国以東では助馬高が一定でなく、地域の事情を反映した助馬村の設定が目立つ。

かくて東海道の宿々には、石高制に基づく助馬村が指定された。このように、指定した在郷から勤高に応じて人馬を徴発する方法を、一般に指定助郷と呼んでいる。この助馬制はその後、万治元年（一六五八）までに整備され、寛文年間（一六六一～七二）には定助《じょうすけ》・大助《おおすけ》の区分が生じて、助郷制度の原型となった。

助郷制の成立

幕府は元禄七年（一六九四）二月、東海道・中山道・美濃路の各宿に対し、勘定奉行・道中奉行連印の助郷帳を下付した。助郷帳には、定助・大助郷の村名とその助郷高が記してある。そして奥書で、宿の問屋が触れ次第、直ちに人馬を出すことなどが記してある。

元禄七年の助郷編成は、東海道筋でほぼ統一的な内容で、助郷帳に記してある助郷高に基づく人馬役であり、人馬徴発の権限を問屋に付した点で画期的であった。この結果、東海道の宿々の定助郷村々は原則的に常時八〇人・八〇疋の助郷役が課せられるようになった。大助郷は、宿・定助郷人馬でも不足する臨時的な大通行に際し、人馬を提供した。

続いて享保十年（一七二五）十一月、道中奉行は先の元禄七年の時と同様の形態で宿々に助郷帳を下付し、助郷の再編を告げた。この助郷再編では、定助・大助郷の区別を廃し、すべての助郷を「無甲乙《こうおつなく》割合」うように指示しており、言わば大助郷の定助郷化で、その後の助郷制の基礎となったのである。

すなわちこれ以降、慶応四年（一八六八）の助郷の海内一同化まで、原則として助郷村々が宿場の伝馬役を補完するようになったのである。途中、ここで決められた助郷村が助郷役を解除されたり、一定期間の休役を認められた時には、原則としてその助郷高と同じだけの高を別の村に割り替えた。その代わりの村の人馬役を代助郷《だいすけごう》という。

このように江戸時代の宿継は、単に宿人馬だけでなく、加宿や助郷人馬が補完することで成り立っていたのである。そのために加宿や助郷村々で出す人馬も、一般に伝馬と呼び、その役を宿の人馬役と同様に伝馬役とも称した。

宿場の囲い人馬

東海道の宿々が常備する人馬数は、規程上では一〇〇人・一〇〇疋であった。しかし十八世紀以降になると、実際に規程の人馬数を常備する宿場は少なかった。例えば一疋の馬が一日に二回稼働すれば二疋と数え、帳尻を合わせたのである。

享保十年（一七二五）十月、江尻宿は規定の人馬数を完備しているということで幕府より褒美金を受けているが、これは他宿が如何に規定を守っていなかったかの証しでもある。延享四年（一七四七）の舞坂宿では、三〇疋の伝馬を常備しているに過ぎず、そのうちの一〇疋は加宿分であった。天保十年（一八三九）の吉原宿では、多くの潰馬を含めて伝馬は六〇疋だけであった。

宿場で馬が不足するには理由があった。まずこの時代には、農民の多くが小農《しょうのう》経営に移行し、馬そのものが減少傾向にあった。宿馬に限ってみれば、馬を購入する資金が不足し、馬の飼料代も高かった。それに対して公定の駄賃が低額に押さえられたので、規定の馬数を常備する情熱に欠けていた。

そこで宿場では、人馬役をなるべく助郷へ転嫁することを考え、囲い人馬ということをはじめた。根拠は、宿人馬が全部出払った後に火急の人馬が必要になると困るので、その時のために一定の人馬数を確保しておくというものであった。

囲い人馬が、いつ頃からはじまったのかは明らかでないが、一般には宝暦八年（一七五八）から三〇人・二〇疋の囲い人馬をおくようになったと言われている。天保十四年（一八四三）頃には、ほとんどの宿場で五人・五疋の「定囲」と二五人・一五疋の「臨時御用囲」人馬を確保している。

囲い人馬と言っても、実際に火急のために囲っていたわけではない。すなわち規程上では一〇〇人・一〇〇疋としながら、内実は七〇人・八〇疋でよかったのである。そしてそのほかの負担分が、助郷に転嫁されたわけである。

さまざまな助郷とその影響

宿々では増大化する交通量に対応して助郷制を導入し、宿・助郷人馬によって物資の継立を行うようになった。しかしこうした継立体制も、さらなる交通量の増大により、やがてまた限界がきた。

そこで特別な大通行に限り、新たに助郷役を課す村々を設定した。これを加助郷《かすけごう》と言い、御三家や公家・門跡《もんぜき》等の通行時に助郷役を補完させた。加助郷の指定は、定助郷の再編成から三年後の享保十三年（一七二八）頃からはじまった。

助郷村が疲弊すると、道中奉行へ代わりの村を指定して助郷役の解除や休役を出願した。代わりの村を指定すること、あるいは指定された村を指《さし》村《むら》と言った。道中奉行は願書を受け取ると、下役を助郷村と指村へ派遣して実情を調べ、場合によっては一定期間を限って代助郷《だいすけごう》を指定した。

十八世紀半ばから、継立人馬のうちでは助郷が負担する比率が増大した。新居宿では、元禄十五年（一七〇二）の助郷の負担率は人足役で一四パーセント、馬役で八パーセントであったが、文化元年（一八〇四）には人足役で四三パーセント、馬役で一五パーセントになった。掛川宿の助郷村々による宝暦十一年（一七六一）二月の訴状によれば、享保十年には助郷高一〇〇石に対して一日に人足一五～六人であったが、最近では二四～五人も触れ当てられ、昨宝暦十年には人足を三万一五〇〇人余も出したという。

助郷村々としては、参勤交代時期とも関連して農繁期に人馬役を課せられることが多いから、実際の数字以上の負担であった。そこで現実には、宿問屋へ金銭を支払って宿人馬を雇用したり、請負業者へ委託することが多くなった。

ただしこうした助郷役を通じ、さまざまな付加価値もあった。生産手段をもたない人々にとっては、往還稼《おうかんかせ》ぎで現金収入を得る機会であった。臨時的に助郷を増やすことによって、疲弊の甚だしい宿場を一時的に救済する側面もあった。

二川宿では天保十二年（一八四一）より一〇年間、二八カ村の宿付助郷の村々が指定され、同宿は建前ではこの間二一人・二四疋の人馬を常備すればよいことになった。しかし宿付助郷はいずれも遠方のために正勤が不可能で、二川宿との間で一年に金六四四両で人馬請負契約を結んだ。宿付助郷からみれば、指定は実質的な増税を意味し、こうなると何も得るものはなかった。

このほか臨時的な大通行に際しては、村々に対して増《まし》助郷・余荷《よない》助郷など、さまざまな名称を付した助郷役を課し、これが農村の疲弊の一因にもなった。その結果、しばしば宿・助郷間、助郷とそのほかの指村される可能性のある村々との間で紛争が生じた。

荷物の付け方と重量

慶長六年（一六〇一）の伝馬定書には、伝馬一疋の積載量は三〇貫目とあった。しかし翌年には、伝馬の荷物は三二貫目、駄賃を取る馬は四〇貫目と両者の間に差をつけ、乗尻《のりじり》・乗掛《のりかけ》は一八貫目までとし、駄賃は運送距離を基本にしながら坂道などにも配慮して決めた。

馬の積載量は、元和二年（一六一六）に伝馬・駄賃馬の両方を四〇貫目に統一し、これがその後の基準になった。この四〇貫目の荷物を積む馬を本馬《ほんま》と呼ぶ。

乗尻・乗掛とは、馬の両側に荷物を付け、馬の上には布団を敷いて人一人が乗る方法で、乗掛下とも言う。このほか、人だけが乗る軽尻《かるじり》という乗り方もあり、空尻《からじり》・荷無しとも言い、乗る人の手荷物ということで五貫目までの荷物を付けること

本馬(上)と乗掛　「東海道名所図会」、「伊勢参宮名所図会」

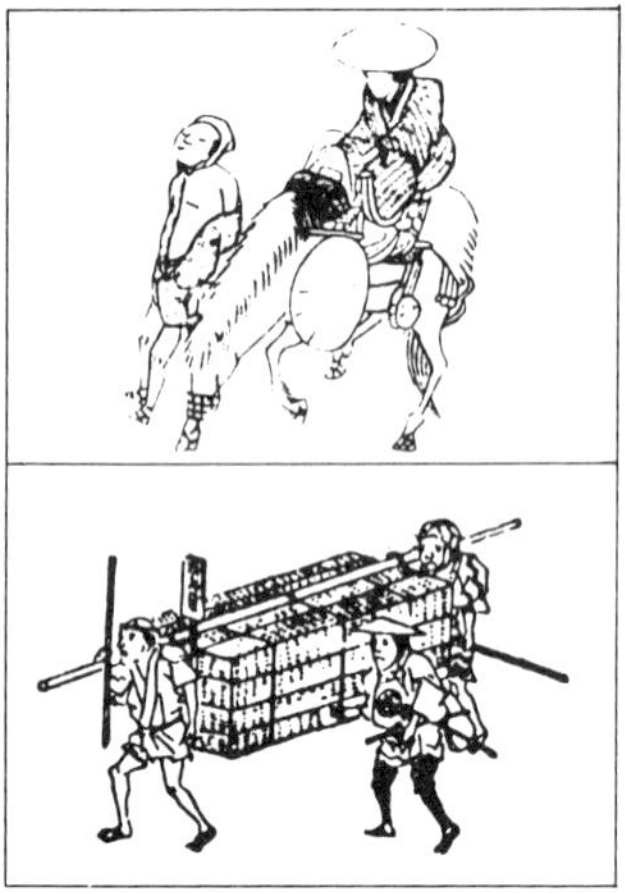

尻軽(上)と人足　広重「東海道五十三次」、「江戸名所図会」

ができた。人が乗らなくても、五～二〇貫目の荷物は軽尻と言い、鐙付《あぶつけ》とも言った。

幕府の規定にはないが、馬の背に枠のようなものを付け、馬の両側に人が乗る二方荒神《にほうこうじん》や、さらに背にも乗る三方荒神という乗り方もあった。広重「五拾三次」の吉原には、三方荒神で乗る子供三人が描かれている。

宿場を設置した当初は、人足に関する規定が少ない。しかし各宿では、伝馬と同様に無賃の人足も提供していた。慶長十四年二月に幕府の年寄衆が見付宿へ宛てた連署状によれば、人足賃は馬の半分としている。当初から賃銭を取る人足の継立も行われており、人足賃は本馬の半分という基準ができていたことを示すものである。

人足が担ぐ荷物の重量は、五貫目を基準にした。五貫目を超えれば目方に応じ、たとえば六貫目で一人二分、一〇貫目で二人持ちとなる。一人二分とは、一人で担ぐが、人足賃を通常の二割増

保永堂版東海道・吉原　広重

とすることである。

乗物と駕籠

五街道における交通手段は人足と馬であり、それも次第に馬が減って人足が大部分を占めるようになった。早《はや》飛脚《びきゃく》・早《はや》駕籠《かご》などの例外を除き、原則として徒歩であった点が特徴である。

乗物には腰輿《たごし》・打揚輿・引戸網代《あじろ》乗物、そのほか乗輿者の身分に応じた幾多の種類があり、それを担う輿丁（陸尺《ろくしゃく》）の人数も四〜八人とさまざまであった。ただしこの乗物に乗ることのできる身分は、武家諸法度によって公家・大名とその妻子や医師等に限られていた。

乗物と駕籠の違いは、それに引戸があるか否かである。しかし大名やその妻子が利用したお忍び駕籠、上級武士が利用した留守居駕籠や権門駕籠（引戸駕籠）などは四〜六人の駕籠舁《かき》が担ぐもので、体裁上では乗物と変わらない。庶民用の最上級の駕籠は、四方が板張りで、屋根や板張りの一部に塗り物を施し、三方の窓に簾を掛けた法(宝)仙寺駕籠で、これに乗る時には裃《かみしも》を着用するのが普通であった。

江戸市中で庶民に利用されたのは、辻《つじ》駕籠(町駕籠)である。正式には四手《よつで》駕籠と言い、関西では四つ路駕籠と呼ばれた。幕府は延宝三年(一六七五)に江戸市中での辻駕籠を三〇〇挺に限定したが、やがて有名無実化し、元禄十四年(一七〇一)には三六一二挺が登録されている。

街道筋で旅人が利用する宿《しゅく》駕籠は、二人の駕籠舁が担ぐ簡単なもので、俗に雲助《くもすけ》駕籠とも呼ばれた。利用度が多くて消耗が激しく、二川宿では中期以降になると一年間に六〇挺も新調し、なかに敷く座布団も七二〇枚を買い替えている。

箱根などの山中で利用される山駕籠は、底が円形で宿駕籠よりさらに簡単な竹の棒で担ぐものである。なかには、坂道を考慮して駕籠そのものに傾斜をつけたものもあった。旅日記などをみると、これらの宿駕籠・山駕籠は重宝であったらしく、しばしば利用されている。

遅れた車輌の導入

江戸時代の交通は前代に比して極めて発達したが、車輌の普及については甚だしく遅れた。橋の保全対策と山坂が多いことが主な要因であった。

ただし京都とその周辺では、前代より牛車が普及していて、街道交通の一翼を担っていた。木食養阿上人は元文元年(一七三六)から三年を要し、大津・京都間の日ノ岡峠の延長三〇〇間を改修して牛車用の車道に白川石を敷き詰めた。この車道は、いわゆる単線で、午前と午後で上り・下りを使い分けた。

京都周辺の牛車は、早くから江戸・駿府・仙台にも波及し、特に江戸では市中の商品輸送機関として重要であった。しかし牛車はこれにとどまり、一般化しなかった。名古屋・江戸には大八車、大坂にはベカ車というものがあって人足が曳いたが、これも街道筋には波及しなかった。

幕末期になると公私の輸送量が激増し、一方で馬数の不足も深刻であった。そこで弘化三年（一八四六）には中山道の垂井・今須宿が一人曳きの板車二〇輌ずつの導入を出願し、嘉永二年（一八四九）に認可された。東海道では、嘉永七年に二川・御油・赤坂・藤川宿が二人曳きの地車二〇輌ずつの導入を出願し、地車が橋のたもとに着いたら荷物の一部を下ろして人足が運ぶことなどを条件に、安政四年（一八五七）に認可された。

この時期になると、他の宿々でも人足・馬だけによる輸送には限界がきていた。幕府は文久二年（一八六二）十一月、小型の車で往来の邪魔をしないことや道橋を破損させないことを条件に、その利用を一般に許可した。これにより、はじめて街道筋全般で荷車が使用されだしたのである。

人馬賃銭と宿財政

無賃の人馬

宿継による駄賃・人足賃（人馬賃銭）には無賃と有賃があった。無賃には、朱印・証文や馳走《ちそう》などの種類があり、有賃にも幕府が定めたお定め賃銭（公定賃銭）と、人足・馬士と荷主や旅人の相談により金額を決める相対《あいたい》賃銭があった。

朱印状によって人馬が利用できるのは、次のような通行であった。公家・門跡、将軍より京都への使者、神宮への代参、大坂城代交代時の引っ越し、大坂・駿府目付、二条・大坂御蔵奉行仮役、城引き渡しと巡見御用、御普請所《ごふしんじょ》などの見分御用、日光御名代、日光門跡や役者・医者の日光への往来と門跡より京都への使者、金地院、品川東海寺輪番、三河国滝山寺、京都知恩院、増上寺より知恩院への使者、相模国遊行寺《ゆぎょうじ》上人、宇治御茶・備後御畳表・野馬・御簾御用、この二三件である。旅行者だけでなく、江戸城や将軍家に必要なものも朱印伝馬を利用したのである。

幕府の職制の整備とともに、朱印状のほかに特定の幕府役人の発行する証文でも、無賃で伝馬を利用できるようになった。慶安四年（一六五一）の規定では、証文を発行できるのは老中・京都所司代・大坂町奉行・大坂城番・駿府町奉行・駿府城番であり、やがてこのうちの大坂城番に代わって同城代になった。さらに寛政七年（一七九五）には、遠国奉行と道中奉行も証文を発行できるようになった。

無賃の馳走人馬とは、朱印状・証文などに記された人馬数以外に、その領主や宿問屋が余分に出す人馬のことである。七里飛脚などの人足も、実際には宿問屋が馳走として囲い人馬のなかから提供した。馳走人馬数が、朱印状・証文伝馬より多いこともあり、宿場の疲弊の一因になった。

公定賃銭と相対賃銭

当初の宿人馬の利用は、無賃である朱印伝馬と公定賃銭だけの区別であった。慶長七年（一六〇二）に東海道の宿々へ駄賃定書が提示されたが、これは公定の本馬《ほんま》の駄賃を示したものである。人足賃については、慶長十四年二月に一里につき京銭八文と決められたが、これは馬の半額である。

その後、十七世紀を通じて公定賃銭は値上げされ、時に値下げもされた。ちなみに、江戸日本橋と品川宿の駄賃は、慶長十六年（一六一一）に銭二六文であったが、宝永四年（一七〇七）には九四文になっている。五街道の宿々の公定賃銭は、日本橋・品川宿間のそれに準じて高下した。

本来、公用以外の貨客については、公定賃銭により継送されるべきものであった。しかし公定賃銭は諸物価の上昇率に比較して相対的に低額に押さえられ、しかもその値上げは後追いであった。そこで人馬の実質的労働力を考慮し、荷主や旅人と馬士・人足の双方が交渉して値段を決める相対賃銭というものが生まれた。

相対賃銭で利用する人馬は問屋を介する宿立人馬ではなく、往還稼ぎの人馬であるから公式文書に残ることは少ない。そのために相対賃銭の発生時や利用度についてはわからない。ただし万治二年（一六五九）の宿起請文《しゅくきしょうもん》で、商人荷物を優先して継ぎ立てることを禁止しているから、すでにこの時期には商人荷物を相対賃銭で継送していたのであろう。宝永二年（一七〇五）の舞坂宿の一札では、馬士が旅人と相対で酒手《さかて》を取っていると あり、相対賃銭が浸透していたことがわかる。

こうして公定賃銭と相対賃銭に大きな差が生じはじめたので、公定賃銭は特権通行だけに適用されるようになった。参勤交代の大名は公定賃銭による人馬を利用したが、その数も家格により制限されていて、残りの人馬は相対賃銭によった。

相対賃銭による駄賃は、まさに相対であって一定でない。次宿まで継立に出た戻り人馬は、空荷よりは荷物を運んだ方がよいから、安価で決まる。ただし一般的には、公定賃銭の二倍前後が相場であった。

元賃銭とその値上げ

正徳元年（一七一一）五月、幕府は五街道の宿々と川越場・関所などの高札を一斉に建て替えた。そのうち宿高札には、人馬荷物の重量、朱印状による伝馬、大名の公定賃銭による人馬利用数、宿場での馬の使い方、規定外の人馬賃銭の徴収を禁止することなどが記してある。

宿高札と同時に、人馬賃銭を示す添高札も立て替えられた。ここに掲示された人馬賃銭は、ほとんどが宝永四年（一七〇七）に決められたものであるが、以降の人馬賃銭の変更に決定的な意味を有した。すなわち、後にこの正徳元年のものを元《もと》賃銭《ちんせん》と称し、値上げに際しては「何年間、元賃銭に何割増し」という表現で示されたのである。

正徳元年以降、一部の宿場では被災などにより、期限を区切って公定賃銭が値上げされた例もある。しかし期限が経過すると、元賃銭に復するのが常であった。

安永三年（一七七四）十二月、東海道・中山道の宿々では三〜四年以前の旱魃《かんばつ》と流行病で疲弊していたので、七年間を期限として元賃銭の上に三割増の値上げが認可された。宿々では、値上げされた三割増分のうちの一割増分だけを助郷人馬へ渡し、残りの二割増分については宿財政に組み入れた。宿人馬が勤めた分については、刎銭《はねせん》として除いて代官所や領主役所へ上納した。領主役所へ上納した刎銭は、同所で貸し付けて利殖し、利息を宿助成金として下げ渡す仕組みであった。

その後、公定賃銭については、天明元年（一七八一）に七年間の期限が切れたので元賃銭に復したが、天明五年からは一〇年間を期限として寛政七年（一七九五）まで四割増になった。寛政七年から再び元賃銭に復したが、元賃銭のままではあまりにも諸物価と比較して低額であった。

そこで寛政十一年から一〇年間は、また二割増とした。期限後の文化六年（一八〇九）には五割増となり、その後は安政五年（一八五八）まで一時的な七割増を除いて五割増の期間が続いた。

幕末期には物価の高騰が甚だしく、それにつれて人馬の公定賃銭も値上げされた。概略を示すと、文久三年（一八六三）には元賃銭の一〇割増（二倍）となり、元治元年（一八六四）には一五割増、慶応三年（一八六七）には五五割増、慶応四年には元賃銭の実に六五割増になった。

以上にみた人馬の公定賃銭の変遷については、東海道の一般の宿場の事例である。困窮度の甚だしい宿場については、これ以外に臨時的に値上げされた例もあり、値上げ率についても特別に高い例がある。

宿場の財政

幕府は宿の設置に当たり、伝馬を常備する代償に伝馬屋敷地の地子を免除し、伝馬が余っていれば駄賃稼ぎを認め、休泊施設の常設を認めた。

飢饉や宿財政が逼迫《ひっぱく》した時には、金穀を無償で払い下げたり無利子で貸し付けた。時に人馬の公定賃銭を値上げし、やがて飯盛女《めしもりおんな》を抱えることを許可して宿場の繁栄策をとった。これらはひとえに、宿財政が悪化して宿場として成り立たなくなることを防止するためであった。

宿場の財政と言う場合、大きく宿場集落全体やそこに住む人々の財政と、人馬継立を中心とする宿問屋の財政の二つがあるが、一般的には後者を指す。幕府も特に後者に着目して、その破綻を防止するためにさまざまな助成を行った。

前述したように、宿継の人馬賃銭には無賃と公定賃銭があり、やがて相対賃銭というものが現れた。無賃は言うに及ばず、公定賃銭でも実労働にふさわしい金額ではなく、継立業務としては相対賃銭だけが黒字であった。ただしこの相対賃銭については、宿問屋が把握する宿財政に組み入れないのが普通である。したがってそこに現れる宿財政の状況が、常に厳しいのは当然であった。

それでも幕府は宿場に対し、さまざまな助成を行った。例えば、寛《かん》永十三年（一六三六）には寛永通宝《えいつうほう》を鋳造し、流通を促進させるために東海道の宿々へ銭一〇〇貫文ずつを配った。前述したように同十五年には東海道の宿々の常備人馬を拡充したので地子免除地を拡大し、同時に米穀を支給した。

寛永十九年の全国的な大飢饉に際しては、宿場救済のために金穀を支給し、不足伝馬一疋につき金三両の拝借金を下付して充足するようにした。

同二十年も飢饉が続いたので、東海道の幕府領宿々に対して拝借金五〇〇両、私領の宿々には三〇〇両を下付し、同時に人馬の公定賃銭を一里につき五文増とした。この寛永十三年と同二十年の拝借金は、享保十一年（一七二六）に棄捐《きそん》となった。拝借金でありながら、宿々から幕府へ返済する必要がなくなったのである。

　拝借金とは、幕藩領主からの無利子の借金のことである。後にはこの拝借金を元金にして宿駅自ら、あるいは領主役所を通じて貸し付け、その利息を宿財政の一部に充てるようになった。

　その後も、金穀の支給や無利子の貸与が続いた。なかでも万治三年（一六六〇）に東海道の各宿が金五〇〇両を支給されたことが、宿財政に好影響をもたらした。すなわちこの五〇〇両は後に万治金《まんじきん》と称せられ、宿駅貸付金として大きな比重を示すことになるのである。

　延宝四年（一六七六）とその翌年にも、幕府領の宿々では金三〇〇両と米五〇〇俵を拝借した。宿々では、この延宝米金《えんぽうべいきん》をそのまま代官所へ上納し、代官所が村々などへ貸し付けて利殖した。その後、宿々ではこの元金のうちから五〇両を預かったが、享保八年（一七二三）から年々利金三両二分ずつを元金として戻し、預かった五〇両を再び上納したので、さらに利息の払い下げが続いた。

　明治三年（一八七〇）の二川宿の記録によれば、当時の同宿では旧幕府からの拝借金が八件、合計三五四五両余もあり、いずれも利殖貸付をしている。それに加え、天保十二年（一八四一）から一〇年間の宿付助郷雇い金のうちの八七三両余も赤坂役所を介して貸付を行っている。

　八件の内訳は、万治金・延宝金をはじめ、享保十年（一七二五）の救金三一三両余、同十三年の馬持立金三二四両余、安永二年（一七七三）の手当金七三八両余、同三年からの人馬賃刎銭分三九六両余、寛政六年（一七九四）の相続借替金八八三両余、文化二年（一八〇五）の拝借返納手当金一五四両余である。

拝借金の額と種類は、他宿でも大同小異である。拝借金は、幕府が倒壊すると棄捐になって返済する必要がなくなったのであるが、宿場のものになったということではない。これらの拝借金は宿駅自らが現金を持っていたわけではなく、領主役所へ預けて利殖運用していたのであり、領主役所がなくなったので拝借金も帳消しになったということを意味する。

作為的な「宿財政帳簿」

このように東海道の宿場は、幕府の助成政策の面からみれば相当に恵まれていたと言える。しかし実際に残る「宿財政帳簿」を検討すると、ほとんど例外なく財政は悲惨な状況にある。

一例として新居宿の宿財政をみておく。ただし新居宿は今切《いまぎれ》渡船を一手に運営し、東海道の宿々のなかでは宿財政が比較的潤沢であった点に注意しておきたい。

新居宿では、文化五年（一八〇八）に幕府に対し、過去五年間の「宿財政帳簿」を添付して拝借金の下付を出願した。帳簿は、渡船運営帳簿と人馬運営帳簿からなり、毎年前者で一〇〇両前後の黒字を計上しているが、後者で三五〇両前後の赤字を示している。したがって全体では毎年二五〇両前後の赤字経営ということになる。

赤字分は、宿内の家々から一律に軒別銭《のきべつせん》を徴収したり、各地の富農から借金し、さらに不足分を宿財政の責任者である問屋が立て替えている。相当に恵まれた新居宿でこの有様であるから、他宿の財政はさらに悲惨なはずである。

新居宿の支出で最も多いのは、借金と利息の返済である。多い年で二〇〇両、少ない年でも一五〇両もある。次いで多いのは駄賃・人足賃の支払いで、これは無賃による公用通行の継立を行った人馬へ公定賃銭分を補塡したものである。同様に、本陣・旅籠屋などの宿泊施設が無賃で休泊させた場合には、やはり宿財政から補塡した。問屋場の運営費も少なくない。

しかし何と言っても問題は、一五〇〇〜二〇〇〇両にも達する借金や利息の返済分である。もちろん借金や利息は、返済すべきものではある。しかし例えば問屋自らが不足金を立て替えた分についても、翌年には利息を計上している。問屋としては、宿財政に赤字が生じてそれを立て替えれば、翌年以降にはその利息が入る仕組みである。こうしてみると、明朗な「宿財政帳簿」とは思えない節もある。

しかもこの帳簿には、宿駅の継立業務として最大収益である相対《あいたい》賃銭については全く記入されていない。確かに相対賃銭による収入は、荷主と人足・馬士による個人的な商談であり、宿問屋が関与する性質のものではない。しかし少なくとも人足・馬士へは、「宿財政帳簿」に載らない相対賃銭による収入があったのである。

もちろんこれだけの理由によって、宿財政の悪化を否定するものではない。江戸時代を通じて無賃・公定賃銭による領主階級の交通量が増加し、宿財政で補塡するという構造的な問題が内在していたからである。しかも幕府はこの構造的な問題の解決をほとんど放棄していたから、宿財政が困難に陥るのは当然であった。

ただし宿問屋が作成した「宿財政帳簿」の多くは、実は幕藩領主へ助成を出願するために作成されたものである点に注意する必要がある。助成を出願する際に、わざわざ潤沢な宿財政を示す帳簿を作ることはないのである。

先の新居宿の出願に対し、文化六年に道中奉行は同宿へ役人を派遣して帳簿を再点検させた。その結果、拝借金を下げ渡すほどには困窮化してい

行書東海道・赤坂　広重

るとは言えないので、他宿と同様の比率で公定賃銭を五割増にするという決定が下された。

「宿財政帳簿」は比較的多く残っているが、それをそのまま信用して当時の宿場町の経済状況の悲惨さを想像するのは危険である。少なくとも如何に厳しい状況を示した「宿財政帳簿」があろうとも、江戸時代を通じてゴーストタウンになった宿場町は存在しないのである。

通信制度の発達

継飛脚と継飛脚給米

江戸時代は交通の発達にともなって各種の通信制度も整い、情報の伝播が広範になった。通信の中心は各種の飛脚で、なかでも幕府の継飛脚《つぎびきゃく》が最初に制度化された。

寛永十年（一六三三）三月、幕府は将軍家光の上洛を翌年に控えて江戸〜京都間の飛脚による書状や荷物の輸送が多くなったため、その行程に当たる各宿に継飛脚給米を支給した。当初、継飛脚給米は臨時的な性格のものであった。しかし将軍上洛後の宿々の恒常的な財政難にともなって、ほとんどの宿々で毎年支給を受け、寛文五年（一六六五）より支給がはじまった問屋給米とともに宿財政の一部に組み込まれるようになった。支給額は寛永十年のそれが大きく作用し、ほとんどの宿でそれを踏襲している。

継飛脚とは、公用文書を入れた御状箱《ごじょうばこ》を宿継で送る幕府の飛脚制度である。通常は宿々の問屋で用意する人足が二人一組になり、一人が御状箱を担ぎ、残りの一人が肩代わり用に付き添って夜間には高張提灯を持って走った。中期以降になると、各宿では継飛脚用の人足を囲い人馬とし、一般の宿継人馬から除外するようになった。

継飛脚を利用できるのは、老中・京都所司代・大坂城代・駿府城代・勘定奉行・京都町奉行・道中奉行などに限られた。幕末の英国公使オールコックは、東海道を走る継飛脚について、皆が彼のために道をあけるので政府の公文書を持った早便だということがすぐわかったと記している。街道筋では、継飛脚が最優先であったのである。

継飛脚は重要な公文書の宿継であるから、宿々では御状箱の受け渡し時刻を明記した。元禄九年（一六九六）の規定では、継飛脚による御状箱は江戸〜京都間を六四〜六六時間、急行で五九〜六〇時間、江戸〜大坂間を七二〜七四時間、急行で六四〜六六時間で届けることになっていた。

大名飛脚の特異性

大名は江戸藩邸と国元、あるいは大坂の蔵屋敷などと連絡する必要があったので、幕府の継飛脚にならって飛脚制度をつくった。御三家の尾張・紀伊家では、東海道筋の約七里ごとに飛脚小屋を設けて脚夫をおき、七里飛脚と称した。

尾張藩の七里役所は、池鯉鮒・法華寺・二川・篠原・見付・掛川・金谷・岡部・吉田・由比・吉原・三島・箱根・小田原・大磯・藤沢・新宿・六郷の一八カ所にあった。一カ所に、はじめは三人、後に二人ずつの中間《ちゅうげん》を配し、それぞれに五石二人扶持を支給した。

尾州七里飛脚は一カ所に一年間勤務し、四カ所を転勤すると藩へ戻った。中間自身が御状箱を継送することはなく、宿問屋から人足を出させるか、人足賃銭を出させて継送する人足を雇った。

尾張藩ではこれと併せ、享保年間に名古屋の問屋である水谷・服部家に公用物資の輸送を委ね、これを月次定飛脚《つきなみじょうびきゃく》と称した。月次定飛脚は藩内では町人身分であるが、道中では苗字・帯刀を使用し、尾州御定紋付の竪会符《たてえふ》を指して権威をふりかざした。文政四年（一八二一）には七里飛脚を廃して月次定飛脚へ全面委任したものの、やがて七里飛脚を復し、安政年間に再び廃止した。尾張藩の飛脚は、道中では何かと評判が悪かった。

紀州七里役所は、はじめ東海道に一三カ所、伊勢川俣街道に一〇カ所あったが、後に同藩主の参勤交代が伊勢川俣街道から上方道に代わったため、その道筋に移した。所在地は、和歌山・山口・貝塚・大坂・枚方・伏見・草津・武佐・鳥居元・垂井・宮・大浜・御油・新居・見付・金谷・丸子・由比・沼津・箱根・小田原・神奈川である。

それぞれの紀州七里役所には、江戸勤番の中間のなかから体格立派で、小才があり、いささかの文筆を備え、特に弁才のある者が二人ずつ選ばれて配された。他所との掛け合いや、参勤交代中の藩主から直問がある場合のための人選であった。

服装は、鼠地木綿に派手な刺繍《ししゅう》を施し、赤色染めの半着に黒天鵞絨《ビロード》の半襟をかけた長めの半纏《はんてん》を着て、赤房の十手《じって》を取り、腰に一刀を指すという、極めて派手なものであった。紀州七里役の中間へは、一人扶持と銀二百匁であるから、尾張藩のそれより薄給であった。しかし特殊な才覚と華美な格好から、宿内外で顔役になる者も多く、妙な役得もあったらしい。

尾州・紀州七里飛脚に準ずるものに、姫路・高松・松江藩の七里飛脚があるが、これは幕府が認可した飛脚ではなく、言わば黙認のものであった。多くは出入りの本陣に役所を設け、本陣で飛脚人足を雇って出した。新居宿の疋田八郎兵衛、見付宿の神谷三郎右衛門、金谷宿の河村八郎左衛門、蒲原宿の平岡久兵衛の各本陣などは、三藩の七里飛脚を同時に請け負っていた。

これらの七里飛脚は原則として宿継ではなく、幕府の宿駅政策の基幹である追い通しの禁止に抵触するものであった。しかし尾張・紀伊家は幕府から特別に許可されており、そのほかの七里飛脚も宿々に家来を出して運ばせているという建前で黙認されていた。

このほかの各藩でも、出入りの本陣・旅籠屋などを通じ、それぞれの宿場で人馬を雇って通信網の確保に努めた。費用さえ支払えば、庶民でもこの大名飛脚を利用できることもあった。芭蕉が、貞享四年（一六八七）正月二十日に寂照へ宛てた書状は、大垣藩の大名飛脚を利用している。

固定的な飛脚をもたない大名は、飛脚足軽・中間などという脚夫を抱え、江戸と国元を往復させたりした。しかし町飛脚の発達により、やがて多くは町飛脚へ委託するようになった。

町飛脚の発達

町人が営業する飛脚は各地にあったが、江戸の定飛脚、京都の順番飛脚、大坂の三度飛脚が特に有名である。これらを総称して町飛脚と言った。

寛永十九年（一六四二）六月の藤堂藩主宛ての書状には、同年五月に江戸と京都の町人が申し合わせて一〇里ごとに飛脚宿《ひきゃくやど》を設け、飛脚の営業を開始したことが記されている。一〇里ごとの飛脚宿であるから、七里飛脚と同様に宿場以外の場所にも設けられたのであろう。飛脚宿と後の町飛脚との関係については明らかでないが、すでに東海道筋に町人による飛脚がいたことがわかる。

大坂には、大坂城を警備する大坂定番衆がいた。家族を江戸に残して二～三年間の勤番であるので、江戸との連絡が必要であった。そこで東海道の宿々の問屋と協議し、元和二年（一六一六）より毎月八の日に大坂から書状などを送りはじめた。それを寛永十六年（一六三九）に大坂町人が定番へ冥加金《みょうがきん》を納めて肩代わりし、定番の名を借りて飛脚の営業を開始した。

寛文三年（一六六三）には大坂の飛脚問屋が、江戸・京都の飛脚問屋と合仕し、三都間を往復する飛脚を仕立てた。東海道を六日間で走ったので、定六《じょうろく》とも、また定飛脚とも呼ばれた。その翌年から毎月三度、二の日に大坂を発ったので三度飛脚とも呼ばれた。

江戸の定飛脚は、当初は百姓の日雇い稼ぎで、取次店は八百屋・瀬戸物屋などを兼業していたが、次第に専業化した。寛文三年に京都二条・大坂城の定番衆の三度飛脚と合仕して信用を得ると、京都・大坂側の飛脚宿にもなった。

東海道筋の各地には町飛脚の人足が詰め、また休泊する飛脚宿があった。飛脚宿は、自らも三度飛脚と合仕して飛脚業を営んだりした。

見付宿には、石屋五兵衛という飛脚屋がいた。石屋は、宝永三年（一七〇六）に江戸・大坂やそのほか各地へ金銀や書状を送るようになったが、その際に大坂などの飛脚仲間から業務の安全を保障される手形を受けている。かくて石屋は、三都の町飛脚の組織に組み込まれ、彼らに飛脚宿を提供することになったのである。

今切湊の所在地でもある新居宿は、江戸時代後期に大坂諸問屋の出資による湊の改修をもくろんでいた。しかし着工目前の天保十三年（一八四二）十二月十三日、幕府は諸問屋解散令を決めてしまった。解散令の内容が、江戸から飛脚によって同宿の商人宅へ届いたのは十七日の早朝のことであった。各地の大商人は町飛脚を利用し、江戸などの大都市の情報を絶えず入手していたのである。

宿場から離れた村々との通信制度については、仕組みが明らかでない。ただし多くの村々では定《じょう》使《し》などと呼ぶ脚夫を抱えていたから、定使が宿場の飛脚宿に出向いて村人宛ての書状を受け取っていたのであろう。

各種の宿泊施設

幻の御殿と御茶屋

宿場の宿泊施設のなかで、高級のものが本陣である。しかし実は一時的ではあるが、本陣以上に高級な施設があった。江戸時代初期に、大御所や将軍が利用した御殿《ごてん》や御茶屋《おちゃや》である。

家康・秀忠・家光はしばしば東海道を往復し、また民情視察を兼ねて各地を遊楽した。ちなみに家康が将軍に就任した慶長八年（一六〇三）から、家光が最後に上洛した寛永十一年（一六三四）の三一年間で、江戸～京都間の往復が非公式なものを含めて一三回、江戸～駿府間の往復は五回、駿府～京都間の往復は六回である。駿府を中心にみれば、以東が一八回、以西が一九回を数える。これ以降は、文久三年（一八六三）の十四代将軍家茂まで、将軍の上洛は行われていない。

大御所・将軍が東海道を往復する際の宿泊地には、基本的には沿道の大名の居城が当てられた。しかし初期の上洛には、江戸から平塚宿へ直結する内陸部が利用され、熱田宿からは美濃路を利用することが多かったし、途中で街道筋から外れることもあった。また居城と居城の間が遠い地域もある。

こうした場所には、当時はいまだ本陣施設が完備していなかったので、特別の休泊施設を建造した。その施設を御殿とか、また御茶屋と称した。御殿と御茶屋の差異については明確でなく、同一施設を混同して称することもあるが、一般的には御殿の方が大規模であった。

蒲原・府中・岡部・小夜の中山・袋井・新居・御油・池鯉鮒には、早く天正十年（一五八二）に武田氏を破って凱旋する織田信長を接待するための御茶屋や御屋形《おやかた》が建造されたが、これらは臨時的なものであった。小夜の中山の御茶屋は慶長五年（一六〇〇）に御殿として再建され、新居でも元和五年（一六一九）に再建された。府中・岡部や袋井では、信長の利用後に廃絶された。

このほかにも駿河国東部の御殿場をはじめ、大御所や将軍用の休泊施設を連想させる地名が多く残っている。御殿場は、元和四年まで東海道が足柄越で利用されていたことによる休泊地であるが、家康の隠居地として御殿を造成する計画があったことによるという説もある。

寛永十年代の作と推測される『大日本五道中図』や、寛文二年（一六六二）に刊行された『東海道細見図』などには、沿道の各地に御殿や御茶屋が描かれている。しかしこの豪華な休泊施設である御殿や御茶屋は、大御所・将軍の上洛が中絶すると利用がなくなり、やがて十八世紀初頭には一部を除いてほとんど廃絶されてしまった。

御殿や御茶屋は、東海道の宿場が発展する過程での過渡的な大休泊施設であった。そしてこれに代わり、大名の参勤交代用として本陣が登場するのである。

本陣・脇本陣

寛永十二年（一六三五）に大名の参勤交代が制

度化されると、大名と重臣は本陣《ほんじん》で休泊し、下級家臣などは旅籠屋や一般民家などに分宿した。本陣とは、もともと天皇の行幸や行軍などの際に、大将のいる場所を指した。

江戸時代の本陣の起源は明確でないが、寛永十二年以前にも多くの大名が自主的に江戸へ参勤しており、その際に大名に対して宿内の有力者が自分の屋敷を大名宿《だいみょうやど》として提供したことにはじまった例が多い。将軍の上洛用の御殿が中絶してしまったために、建物を建て替えて本陣に転化させた場合もある。

東海道の各本陣の由緒書などによれば、大名宿から本陣名目になったのはほとんどが寛永十年前後である。袋井宿の本陣であった田代家には、同宿開設二年後の元和四年（一六一八）から寛永十一年までの休泊状況を記した「御宿帳」が残されている。それによると、同家には一七年間で大名等が三一〇回も泊まり、休息も二四〇回を数える。田代家はこうした大名宿の提供という実績により、寛永十一年かその翌年に本陣名目になったのであろう。

こうしてみると、本陣の成立は寛永十～十二年頃であったと言えよう。ただしそれ以降にも、本陣施設が不足する場合には追加的に本陣に取り立て、十七世紀半ばには数がほぼ確定した。

脇本陣《わきほんじん》は本陣を補完する施設で、本陣に大名等が重複して休泊する差合《さしあい》が生じた時に脇本陣へ案内した。本陣への休泊の優先権は、身分の上下ではなく、先約者にあることが原則であった。

脇本陣の起源は、本陣以上にはっきりしない。同じ家を脇本陣と言ったり、脇本陣名目を使わないで旅籠屋と言っている場合もある。大体は宿内で最大規模の旅籠屋が、途中で脇本陣として取り立てられたようである。

本陣の施設は、広大な屋敷のなかに大体建坪一五〇～二〇〇坪の家屋に多くの間取りを有し、門

保永堂版東海道・関　広重

構え・玄関と上段の間を設えているのが一般的であった。脇本陣は、これらの施設の一部を欠いていることが多い。

東海道各宿の本陣・脇本陣の数は一定ではないが、平均すると一宿に本陣二軒、脇本陣一軒くらいである。箱根・浜松宿には六軒の本陣があり、次いで小田原・伏見宿には四軒、大磯・沼津・島田・金谷・袋井・新居・赤坂・岡崎・石薬師・坂之下宿には三軒あった。これらの宿場では、参勤途中で宿泊や昼休みをする大名が多かったからである。丸子宿は本陣一軒に対して脇本陣が三軒もあり、三島・興津宿も本陣二軒の対して脇本陣が三軒という構成であった。

それぞれの本陣は、固定の大名家と定宿《じょうやど》の契約をしていた。本陣へは、経営維持のために道中奉行より助成金が付与されるが、それでは不足であったので、利用する大名家へ補助金の支給を請うことも多かった。そのために本陣当主は大名の居城へ挨拶に出掛ける機会が多かった。

本陣・脇本陣の最大任務は、参勤大名や幕府役人、宮家・公家・高僧等の貴人に休泊施設を提供することである。大名の重臣も本陣を利用することが多く、下級武士でも利用することがあった。本陣が庶民の旅人を泊めなかったわけではないが、その堅苦しさから一般にはあまり好まれなかった。

食事付き旅宿の登場

一般旅行者の多くは、旅籠《はたご》屋で宿泊した。旅籠の語源は馬糧を入れる竹で編んだ籠のことであるが、やがて旅行者の食料や馬飼料の入れ物に意味が転じ、平安時代末に民間の宿屋が出現するとそれを馬駄飼《はたご》と呼ぶようになった。一六〇三年に刊行された『日葡辞書』に、ハタゴ・ハタゴセン・ハタゴヤなどの語が出ており、江戸時代初期から存在していたことがわかる。

ただし厳密な意味での江戸時代の旅籠屋とは、食事を提供する旅宿を指し、木賃＝薪代を払って泊まる木賃宿《きちんやど》と区別した。『日葡辞書』に出ているハタゴヤが、食事付の旅籠屋であったかどうかはわからない。

戦国時代までは、木賃形式の旅宿が一般的であった。慶長十六年（一六一一）の家康の上洛に際し、幕府年寄衆が出した定書《さだめがき》で、木賃では宿を貸さないが、旅籠なら貸すというわがままを禁止している。同年に中山道の宿々へ宛てた定書では、荷物の継送で日暮れになったら、荷主より馬方へ旅籠銭を出すように命じている。こうしてみると、慶長年間には旅籠形式の旅宿がある程度成立していたようである。

江戸時代になって交通量の増加にともない、それとほぼ並行的に休泊施設は「木賃・米代」の併存形式から、さらに食事付＝旅籠形式に変容した。特に寛永十年代に寛永通宝が大量に発行されたので、金銭を所持した簡便な旅行が可能になり、急速に旅籠屋の数が増加した。

　慶安二年（一六四九）八月に大坂市中へ出された「旅籠屋仕置令《しおきれい》」では、一人旅や飛脚の保護のために一日だけは宿を貸し、不審者を逗留させた場合には役所へ密告することを指示している。すでにこの時期、旅宿では旅籠屋が主流を占め、治安維持のために旅籠屋の統制が必要になっていたのである。

旅籠屋の数と質

　江戸時代前～中期の旅籠屋に関する系統的な資料は少ないが、断片的に残る資料をみると、意外なことに十八世紀前半の時期が数的に最多である宿場が多い。おそらく十七世紀後半に中小の旅籠屋が乱立し、十八世紀後半以降から統廃合されて大規模な旅籠屋が出現したのであろう。

　旅籠屋の家屋はさまざまであるが、一般的には土間・板の間・部屋・座敷・勝手間・湯殿・雪隠《せっちん》・土蔵などを備えていた。同じ宿泊施設でも、本陣や木賃宿が平屋であるのに対し、旅籠屋は二階建も多くみられた。

　天保十四年（一八四三）頃の東海道の宿々の旅籠屋数の平均は五五軒程度で、うち大旅籠九軒弱、中旅籠一八軒弱、小旅籠二八軒強である。最も多いのは熱田宿の二四八軒、桑名宿の一二〇軒と岡崎宿の一一二軒や四日市宿の九八軒がこれに次ぐ。逆に少ないのは、石薬師・庄野宿の一五軒、淀宿の一六軒である。

　江戸に隣接した品川宿が九三軒、川崎宿が七二軒、京都に近い草津宿が七二軒、大津宿が七一軒、箱根越を控えた小田原宿が九五軒、三島宿が七四軒と比較的多いのは納得できる。概して城下町に併設された宿場では旅籠屋数が多いが、亀山宿は二一軒しかない。府中宿は、東海道では大津・伏見宿に次ぐ大人口を有しながら、旅籠屋は四三軒と比較的少ない。その伏見宿も三九軒しかない。岡崎～四日市宿間が多いのは、全国各地から参宮者が集ったからである。石薬師・庄野宿が少ないのは東西からの参宮者がともにその宿に入る前に分岐して別街道を通ったこと、淀宿は夜間でも舟運が運行していたからである。

こうしてみると宿場の規模と旅籠屋数には、ほとんど相関関係がない。要は、旅籠数は宿泊者数に規定され、旅行者がどこの宿場に泊まるかで決まるものであった。その意味では、単に旅籠屋数だけでなく、規模も重要であった。

三島宿では、間口五間以上を大旅籠、四間前後を中旅籠、三間以下を小旅籠と区別していた。二川宿では、参勤交代の随行者を分宿させる際、上宿とは座敷が六～四間ある宿所、中宿が四～二間、下宿が一間の宿所としていた。

安政二年（一八五五）に岡山藩士が著した旅行案内書『旅行須知』によれば、旅籠屋について次のように記している。すなわち宿場中央の旅籠屋はよいが、宿端は治安が悪く、茶屋を兼業する旅籠屋も夜中に喧嘩がはじまることがある。東海道五十三宿のなかでは、原宿は農家ばかりで泊まる家がなく、舞坂宿は不浄で、二川宿は火災に遭って泊まる人もないから、旅行日程をたてる時にこれらを避けた方がよい、というものである。

二川宿が火災に遭ったのは、同書が記されるより四九年前のことである。こうした過去の悪いうわさが、案内書によって広まり、それによって宿泊者の減少を招くことにもなる。

さまざまな旅籠屋

宿場の宿泊施設には、上級のものから安価なものまで、さまざまな種類がある。参勤交代一行の下宿を決める時には、本陣・脇本陣以外を札宿・幕宿・駕籠宿・並宿・油紙宿に分類することがある。この場合、札宿から並宿までが旅籠屋で、油

隷書東海道・赤坂　広重

紙宿は木賃宿のことである。

旅籠屋を、御用宿《ごようやど》と普通の旅籠屋に区分することもある。この場合の御用宿とは大名家の指定宿で、参勤交代の時には重臣に次ぐ上級家臣が宿泊し、江戸と国元を往復する家臣が休泊することも多かった。御用宿のなかには、大名家の飛脚や宿泊者の人馬の世話をしたりして、屋号に指定の大名の居住地の地名を付すこともあった。

御用宿は一般に大規模で安全性が高く、引札《ひきふだ》などを使っての宣伝もうまかった。後期になって各地に旅行のための講《こう》ができると、講の指定宿として契約し、道中記にも紹介されたりした。

旅籠屋を、酒食を供する平旅籠《ひらはたご》と、それに加えて飯盛女をおいた飯盛旅籠に区分することもある。平旅籠は表通りに看板を掲げるが、飯盛旅籠は看板がなくて土間も狭く、格子戸の板の間の後ろに飯盛女を並べて見世にしていた。飯盛旅籠は人を集めるのに効果があり、その売上金の一部を宿問屋へ上納して宿経済に寄与したが、一方で飯盛女の悲惨な生活をもたらし、宿・助郷の治安を乱す要因ともなった。

飯盛女をおく旅籠屋が、すなわち飯盛旅籠とは限らない。後期の二川宿では脇本陣が飯盛女を抱えていた。飯盛旅籠とは、飯盛女をおく下級の旅籠屋を総称した言い方であったのである。

飛脚宿は充実した宿泊所

宿場には、三都の定飛脚と提携して彼らに休泊場所を提供する飛脚宿《ひきゃくやど》もあった。飛脚宿は、比較的上級の旅籠屋が兼ねて営業している場合が多く、普通の旅人でも泊まることができた。

先の『旅行須知』には、一人旅で深夜に泊まる場所が見つからなかったら、飛脚宿は何時でも旅人を泊め、常に風呂もたっているので、そこに泊まるように薦め、次のような各宿の飛脚宿の名を紹介している。

伏見 すしや　大津 大津屋　草津 鎌屋
石部 笹屋　水口 絹屋　土山 升屋
坂ノ下 銭屋　関 近江屋　亀山 ふしや
石薬師 橘屋　四日市 中国屋
桑名 松本屋・東屋　宮 伊勢屋
藤川 饂飩屋　赤坂 蔦屋　吉田 紺屋
白須賀 蔦屋　新居 中山屋　舞坂 三度屋
浜松 信濃屋　見付 黒木屋　袋井 赤坂屋
掛川 ねち金屋　金谷 松屋　府中 万屋
江尻 大ひさし屋　由比 うんとん屋
蒲原 足袋屋　吉原 富士見屋　沼津 え間屋
小田原 沼津屋　藤沢 常陸屋　川崎 三度屋

以上は、東海道関係のみを抜粋したものである。これらのなかには飛脚業との関係を連想させる屋号もあり、宿内屈指の大旅籠屋もある。ただし著名な飛脚宿が漏れてもいるから、これは岡山藩の飛脚宿だけを記した可能性が高い。

芭蕉が元禄七年（一六九四）五月十六日に弟子

の曾良《そら》へ宛てた書状には、次のようなことが記されている。それは、今日は三島宿新町の沼津屋九郎兵衛という飛脚宿に泊まったが、今までで最高の宿《やど》である、というものである。『旅行須知』に沼津屋は出てこないが、比較的早くから一般旅人を泊める飛脚宿が存在したこと、その施設としての質の高さが伺われる。飛脚宿は、後に各種の講が指定した旅籠屋とともに、言わば登録商標であったのである。

木賃宿は安旅館

木賃宿《きちんやど》とは、一般には安旅館の総称である。明治二十年（一八八七）制定施行の「宿屋営業取締規則」にも旅人宿・下宿・木賃宿の区別があり、木賃宿は「飲食を供せず、薪炭その他の諸費、席料を受けて以て人を宿泊せしむるもの」という規定であった。意味は、米などの食料を持った旅人が燃料費を支払って泊まる宿のことである。

江戸時代初期の宿所は、ほとんどが木賃形式であった。しかし米を持参しての旅は不便である。そこで貨幣経済が浸透しはじめたこともあって、宿所で食料を買って旅人が自炊をする「木銭・米代」形式に移行し、さらに食料を供する旅籠屋が一般化した。

ただし木賃宿もそのまま存続し、幕府がその宿賃も決めている。木賃宿も、やがて文字通り柴薪代を払う宿所と、実際には粗末な食料程度は出す安価な宿所の両方を指すようになった。

旅籠屋と木賃宿の区別は、前者は宿問屋の配下にあって幕府の助成金が配分されることもあるが、後者にはそれがない程度である。逆に木賃宿は宿問屋の配下にないので、実態を把握するのは難しいが、多くは宿端にあった。

『東海道中膝栗毛』では、弥次郎兵衛と喜多八が蒲原宿の宿外れの木賃宿に泊まり、年寄の六部《ろくぶ》や娘の巡礼と相宿《あいやど》となっている。そこでは、六

人物東海道・藤川　広重

部・巡礼が昼間道中で人々から喜捨《きしゃ》として受けてきた米を宿で粥《かゆ》にしてもらって食べ、巡礼の娘は屋根裏で寝ている。木賃宿の大体の様子が伺われる。

安政五年（一八五八）四月に二川宿の木賃宿で旅人が病死したので、宿役人から赤坂役所へ届けて埋葬し、人相と所持品を記した立て札を宿端へ建てたことがあった。その木賃宿は宿場の最も外れにあり、間口三間・奥行き四間半、筵が六枚と四枚の二部屋で、宿場の家屋としては珍しく畳を敷いてない。

木賃宿は助成金の配分はないものの、正式な宿所であり、旅籠屋などから存在が否定されることはない。旅籠屋で困るのは、木賃宿と同様な場所にあった宿端茶屋が旅人を宿泊させることであった。

このほか、宿場によっては馬専用の宿所である馬宿《うまやど》があった。正徳元年（一七一一）の駄賃・木賃などを示した高札には馬の木賃も記され、値段は主人と同額の銭三五文で、召使の二倍である。助成金を旅籠屋へ配分する時には、馬宿も対象となることがあった。

東海道の宿場

東海道五十三駅狂画・由比　北斎

東海道の起点・江戸日本橋

東海道をはじめとする五街道の起点は江戸の日本橋である。江戸は地名が「入江の門戸」から生じたと言われているように、戦国時代までは江戸湾（東京湾）に面した湿地帯であった。

天正十八年（一五九〇）八月朔日にここへ入国した徳川家康は、居城を構え城下町を整備した。慶長五年（一六〇〇）の関ケ原の役後に大名が人質をおくようになって大名屋敷ができ、各種の町人も集まった。「江戸っ子は水道の水で生湯《うぶゆ》をつかい」という言葉があるが、逆にみれば湿地帯を埋め立てた地であるために良質な井戸水がなかったからである。

天保十四年（一八四三）の江戸町人の人口は五八万七千人余、それに武家関係の人口が約五～六〇万人もいて、世界最大の都市であった。しかし武家関係や奉公人の多くが男性であり、男女比率のバランスを大きく欠いた都市であった。

江戸城の堀の水や上水を流すための掘割の上に、慶長八年に日本橋が架けられた。翌九年、日本橋を起点にして諸道への一里塚が築かれ、この時以来、現在に至るまで全国への距離の起点となっている。

江戸は日本一の城下町であると同時に、宿場や湊の機能も併有していた。江戸府内で宿駅の業務に当たったのが大伝馬町・南伝馬町・小伝馬町の三伝馬町である。このうち大・南伝馬町を両伝馬町と言い、両伝馬町が道中筋に関する継立業務を担当した。小伝馬町は江戸市中とその周辺の伝馬業務を担当した。

両伝馬町からは江戸端四宿へ継ぎ立てるが、それらの宿から両伝馬町へ継送することはなく、また両伝馬町の人馬数も規定がない。東海道品川宿から中山道や日光道中・甲州道中へ荷物を送る場合には、品川宿の人馬により板橋宿や千住宿・内藤新宿または高井戸宿へ継ぎ立てたのである。

広重「五拾三次」の日本橋の描材は、橋のたもとの魚河岸《うおがし》の賑わいと参勤交代の大名が帰国のための旅立ちの様子である。ただし江戸から諸国へ旅立つ人や江戸へ帰る人は、日本橋を意識したわけではない。自分の家から最初の宿場へ出向いたのである。

以下、筆者は当初、ここで江戸から京都・大坂までの宿場の様相を全て紹介するつもりでいた。しかし枚数が多くなり過ぎたので、ここでは静岡県内分の二二宿についてだけ、その特徴点を紹介することにする。ここでの主な参考資料は、文化三年（一八〇六）完成の『東海道分間延絵図』とその解説編（東京美術）、および天保十四年（一八四三）頃作成の『東海道宿村大概帳』（『近世交通史料集』四所収）である。家数・人口や宿役人の人数、問屋場の機能、宿泊施設の数などは断らない限り、後者の記録による。人口の後の（　）内は女性の比率で、小数点以下は四捨五入した。

伊豆・駿河国の宿場

三島宿は伊豆国唯一の宿場町

相模・伊豆の国境から三島宿までは三里六町。箱根山の南面であるこの区間には石畳・一里塚・石造物や茶屋跡など、貴重な交通遺跡が多い。三島宿へ二里八町の山中新田、一里二四町の笹原新田、一里八町の三ツ谷新田、一里の市ノ山新田、二〇町の塚原新田の五カ所に立場《たてば》があった。

箱根の坂道は、小田原・箱根宿間の多くが谷間を通るのに対し、箱根・三島宿間は尾根道で眺望が開けている。確証はないが、前者は関東へ敵が攻め入ってきた時に敵を追い詰め、後者は敵勢の動向を見張るために、それぞれ江戸幕府が考案した施策の結果であるという説もある。

箱根山中には所々に甘酒茶屋があったが、山中新田の一里塚平には江戸の綿問屋である加勢屋与兵衛（友七）が文政七年（一八二四）に幕府の許可を得て開業した接待茶屋があった。ここでは毎年、十一月朔日《ついたち》から十二月晦日《みそか》までの二カ月間、馬に飼葉《かいば》を与え、人足や旅人へは粥《かゆ》を食べさせ、十一月朔日から翌年正月晦日までの三カ月間は焚《た》き火をたいた。

三島は、品川宿から数えて一一番目の宿場。古代には伊豆国の国府があり、鎌倉幕府の創立以来、将軍や武家の厚い信仰を集めた三島大社の鎮座地である。江戸時代初期には御殿も設けられ、宝暦八年（一七五八）までは三島代官もいた。翌九年に韮山代官江川氏の支配になり、もとの三島代官所は江川氏の出張陣屋となった。

三島宿は当初、伝馬町・久保町・小中島町・大中島町を主体としていたが、後に西方の六反田町・新宿町をも含んだ。新宿町は宝暦七年に中央の石橋を境にして茶町と木町に分かれた。

東海道に面する三島大社から南下し、下田や熱海・根府川方面へ通ずるのが下田道（根府川通）。同社の西側から北上するのが、御殿場を経て甲斐国や足柄峠を越えて相模国へ通ずる矢倉沢通である。東西と南北交通の十字路である。

三島大社では中世以来、三島暦《みしまごよみ》を作成していた。しかし江戸時代になって伊勢暦に圧倒されたので、幕府に願い出て伊豆・相模両国では三島暦を使用するように布達してもらった。

三島宿の家数・人口は、延宝八年（一六八〇）には五九六軒・三八一四人であったものが、宝暦九年（一七五九）には一九一〇軒・四二二八人に増加した。その後は減少し、天保十四年（一八四三）には一〇二五軒・四〇四八人（女五二％）である。小中島町に本陣と脇本陣が二軒ずつ、大中島村に脇本陣が一軒あり、旅籠屋は七四軒。女性の数が多いのは、旅籠屋の多くが飯盛女を抱えていたからである。宿内の町並は一〇町。

問屋場は久保町にあった。問屋二人・年寄五人・御状箱取扱役四人・人馬日〆《ひじめ》書役一人・帳付五人・馬指四人・人足指五人がいて、交代で出仕した。

三島宿の西方の境川に千貫樋《せんがんどい》があり、ここが伊豆と駿河の国境である。千貫樋は三島の小浜池から駿河国への疎水用で、境川を通過するためのものである。諸説あるが、一般には天文二十四年（一五五五）に今川・武田・北条の三氏が和睦した時、北条氏康から今川氏真に聟引出物として小浜池から疎通させたと言われている。三島は湧き水の豊かな町でもある。

湊町・城下町でもあった沼津宿

三島・沼津宿のほぼ中間に川幅三六間の黄瀬川が流れる。板橋であるが、しばしば橋が流失し、蓮台《れんだい》などで川越することもあった。

黄瀬川橋の西側が黄瀬川の立場。この辺りは、鎌倉時代には黄瀬川の宿《しゅく》で遊女も多く、なかでも亀鶴は、手越の千手、池田の熊野《ゆや》とともに有数の美女であったと伝えられている。

黄瀬川の立場の西には、富士の裾野や甲州郡内、足柄峠へ通ずる脇道がある。中世においては箱根越と足柄越の分岐点であった。立場から沼津宿までは二七町。

沼津は、もとは車返とも呼ばれた。今川義元が桶狭間の戦で敗れてからは武田・北条・徳川氏による争奪場となり、天正五年（一五七七）に武田勝頼が三枚橋城を築いた。江戸時代には大久保忠佐が沼津城に入り、忠佐が慶長十八年（一六一三）に没すると一旦廃城した。その後一六四年を経て水野忠友が襲封し、改めて築城した。

沼津宿は、元禄元年（一六八八）の宿絵図によれば町並は通町が一四町、裏通が六町、全家数五一〇軒で、うち本陣二軒、脇本陣四軒、旅籠屋七八軒、茶屋一三軒とある。それが天保十四年（一八四三）になると家数は一二三四軒、人口五三四六人（女五〇%）、そのうち本陣が下本町と上本町に二軒ずつ、脇本陣が上本町に一軒、旅籠屋が五五軒になった。城下町に復したことにより、家数が二倍以上に増加しているが、休泊施設は減少している。

高札場は下町、問屋場は通横町にあった。宿内には、問屋三人・年寄五人・帳付六人・馬指三人・人足指三人・馬呼一人がいた。東海道の裏通の狩野川沿いの魚町・中町・宮町・下河原町は、湊や渡船場であり、天保十四年頃には江戸への廻船《かいせん》が四艘あった。漁船も三〇艘あり、鯛《たい》・鮃・魴ぼうなどの漁猟をして、毎年十月から三月まで江戸城へ御納屋《おなや》御用として陸送した。

三枚橋町から一町ほど引き込んだ所に瞽女頭《ごぜがしら》「阿い津」の屋敷があり、天保十四年頃には六〇人ほどの瞽女がいた。城下町と湊町を兼ねた宿場であり、遊興の場も多かったのであろう。

明治九年（一八七六）に狩野川の渡船場に木橋が架けられたが、同二十六年に島郷に御用邸ができたために大正二年（一九一三）に鉄橋にした。

沼津城跡は、明治元年に静岡藩の将校養成のための沼津兵学校となり、西周《にしあまね》が頭取になったりしたが、同五年に廃止された。

沼津宿から原宿までは一里半。海岸沿いの砂地の道中で、強風の時には目も開けられなかったという。途中には千本松原が生い立つ。

白隠禅師と帯笑園で知られた原宿

原宿は、街道に沿って発達した自然集落に近い宿場。慶長六年（一六〇一）の宿設立当初は字御殿場付近にあったが、慶長十年七月七日の高潮被害により、現在地へ移転したと伝えられている。

天保十四年（一八四三）の家数は三九八軒、人口一九三九人（女五一%）。そのうち西町に本陣一軒、東町に脇本陣一軒があり、旅籠屋は二五軒であったが、実際には天保九年に宿内で火災があって脇本陣と旅籠屋九軒が再建できないでいた。したがって当時の旅籠屋は一六軒である。

　宿内の町並は南側が一九町半、北側が一七町強と長い。ただしこの区間に家がすべて埋まっているわけではなかった。問屋場は東町と西町に一カ所ずつあったが、東町が天保九年の火災で消失してからは統合して一カ所となり、二名の問屋が半月交替で勤務した。そのほかに問屋代三人・年寄六人・年寄兼名主五人・年寄格一人・帳付六人・馬指六人・歩行割上役一人・歩行割三人・御状箱持夫一〇人がいた。問屋を勤めた植松氏の帯笑園には、多くの公家・大名や文人墨客が訪れ、東海道第一の名園と称せられた。

　宿内東町に、白隠禅師の誕生地跡碑と白隠が再興した松蔭寺がある。白隠は原宿で生まれ、一五歳で松蔭寺に入って単嶺に学んだ後に諸国を行脚《あんぎゃ》し、享保二年（一七一七）に松蔭寺に住して明和五年（一七六八）に没した。俗人にもわかりやすく禅の奥義を説き、仏教界に新風を吹き込んだ。

　宿場の南方は駿河湾に面し、天保十四年頃には小船二〇艘程を有して、鯛・鮃・鰹・鮪などの漁猟をしていた。また宿内に五十集《いさば》という者がいて、九～三月の漁猟の魚を、沼津宿と同様に江戸城へ御納屋御用として陸送した。

　宿場の北側には浮島原が広がり、北方には富士山がそびえる。浮島原は、富士川から流出した土砂や狩野川の三角州が沼沢化したもので、浮島沼とも呼ばれた。ここで捕れる鰻《うなぎ》は、原宿の名物であった。

　幕府は寛政八年（一七九六）に北方の愛鷹山に尾上牧・元野牧・霞野牧の三牧を開発し、牧士・解頭・目付・仕込医・勢子廻・捕子などを配した。四月と十月には必要数を江戸へ送り、良い馬は乗馬用に、下馬は駄馬《だば》にした。原宿の南には、江戸へ送る馬を集める野馬払込の施設があった。
原宿より移転後の吉原宿までは三里余。途中は新田村が多く、両宿中間の柏原新田に立場があった。

原宿の西隣の一本松新田の伝聞では、原宿と吉原宿の間は浮島原で人家もなく、旅人が難儀をしていた。そこで慶長年間に家康家臣の伊奈忠次が五郎左衛門という者に対し、開発すれば旅人が助かり、年貢の上納で幕府への忠節にもなるので高《たか》掛物《がかりもの》を免除するとして開発を勧めたという。こうした事情による東海道沿いの新田開発は、これ以外の宿と宿の間にも多くあった。

吉原宿の移転で出現した〝左富士〟

慶長六年（一六〇一）の設立当初の吉原宿は、海岸に近い鈴川・今井の地にあった。しかし風水害を受けることが多いので、寛永十九年（一六四二）に今泉村の一部を割いて依田橋を独立させ、宿場を移転した。移転に際し、元の鈴川村から五一石余、今泉村から二〇石余を宿に組み入れた。後に、当初の地を元吉原、そしてこの時に移転した地を中吉原と呼ぶようになった。

ところが中吉原も風波や高潮の被害が多く、延宝八年（一六八〇）の大津波では壊滅状態に陥った。そこで天和二年（一六八二）に現在地へ再移転した。再移転に際し、伝馬役屋敷地を確保するために周辺の伝法村から七二石余を割いたのをはじめ、全部で九五石余を分割してあてた。

二度にわたる移転の結果、宿場は海岸よりかなり北上した。原宿方面から来て吉原宿へ入る手前、最初の移転地である中吉原の辺りで、東海道を上る旅人には富士山が東海道の左側に見える場所がある。この景観は、宿場の移転による街道付け替えの結果である。広重「五拾三次」では左富士を借景にし、東海道筋では珍しい馬の乗り方である三宝荒神《さんぽうこうじん》に乗る三人の少年を描いている。

移転してできた吉原宿は小規模であったので、近隣の田島・中河原・依田橋・鈴川・今井村を吉原宿地方《じかた》五カ村として人馬役を分担させ、正徳四年（一七一四）には伝法村を加宿《かしゅく》にした。その人馬負担率は、寛政四年（一七九二）の例では本宿が四九人・二〇疋であるのに対し、伝法村が三二人二分・三二疋、残りを五カ村がほぼ村高に応じて負担している。

文化二年（一八〇五）の吉原宿の家数は五三五軒。天保十四年（一八四三）の宿内の町並は一二町余、加宿を含めた家数は六五三軒、人口二八三六人（女五三％）。本陣が本町と西本町に一軒ずつ、脇本陣が東本町に一軒、本町に二軒あり、旅籠屋は六〇軒であった。旅籠屋は十八世紀前半には七九軒あり、文化年間には一〇〇軒を越えたというが、文化二年十一月の火災で本陣二軒・脇本陣四軒・旅籠屋一〇七軒・商家百姓家九五軒が類焼し、その後次第に復興して天保十四年の数値になったのである。

問屋場は、本宿の人馬役を差配する本町の問屋場と、加宿を差配する六軒町に一カ所ずつあって、月はじめの二〇日間を前者、末の一〇日間を後者が担当した。本宿の宿役人に問屋・年寄各二人、年寄見習・年寄格各一人、加宿に問屋・年寄各一人、ほかに本宿・加宿兼帯の帳付四人・割増役二人・問屋代四人・馬指四人・馬呼四人・人足配三人・人足配下役四人がいた。

吉原宿から蒲原宿までは二里三〇町。途中、蒲原宿へ二里八町の本市場村字白酒、一里の岩淵村字久保町に立場があった。

岩淵村の東には、急流で名高い富士川が流れる。富士川の流路が現在のようになったのは延宝二年（一六七四）のことで、それ以前は岩本山の麓から東へ流れ、しばしば災害をもたらしていた。代官の古郡重高・重政親子が岩本山の南に雁《かりがね》堤《てい》という堤防を築き、流路を南へ一直線に変えたのである。富士川の手前の松岡村で東海道は上往還と下往還に分岐しており、その間の堤上の道を中往還と呼んだ。

律令制の駅でもあった蒲原宿

富士川は慶長十二年（一六〇七）に角倉了意によって開削され、甲斐国と駿河国を結ぶ舟運が盛んになった。岩淵河岸まで運ばれた甲信両国の年貢米は、岩淵から蒲原湊まで一里を駄送され、清水湊へ船で回送されて江戸へ送られた。

旅人はこの富士川を渡船によった。この辺りの川幅は二六〇間であるが、渡船場では五〇間と狭まり、岩淵村を流れる枝川二〇間も渡船である。

渡船場は、中世には河口近くにあって成嶋村が勤めていた。しかし慶長七年に少し上流の岩淵・岩本村間に移して岩淵村が渡船役を勤め、寛永年間には三分の一を岩本村が勤めるようになった。その後、すぐ下流の岩淵・松岡水神森下を結ぶ経路も開かれ、これが次第に一般化した。

岩淵村からは甲州道が分岐して北上している。東国からの旅人が身延山へ参詣する際に利用したので、一般に身延道と呼ばれた。西国の旅人が身延山へ参詣する際は、興津宿から分岐するのが普通で、両方の身延道は万沢村で合流する。

東海道は富士川を渡って、岩淵村で身延道とは反対に南下する。岩淵の名物は栗の粉餅、それに舟運の影響から甲州竜王煙草と富士の芝川海苔。

元禄十二年（一六九九）八月十五日の大風雨以前の東海道は富士川沿いであったが、河岸段丘の中腹の道筋に付け替えた。

蒲原は律令制の駅《うまや》であり、中世には宿《しゅく》として栄え、戦国時代には武田氏の伝馬役を勤めた。慶長六年（一六〇一）正月の宿設立当時は、現在地より南方の海辺近くであった。元禄十二年の大風雨と津波により、同十四年に山寄りの現在地へ移転したのである。

竪絵東海道・由井　広重

正徳年間（一七一一～一七一六）までの蒲原宿は、同宿西に隣接する小金村・中村・堰沢村も組み込んで伝馬役のうちの五分の一を分担させていた。三カ村は享保八年（一七二三）に独立したが、以降も五分の一の伝馬役を分担した。

天保十四年（一八四三）の宿内の町並は一四町半、家数は五〇九軒、人口二四八〇人（女五〇％）。うち本町に本陣一軒、脇本陣は本町に一軒、天王町に二軒あり、旅籠屋は四二軒であった。本陣より脇本陣の方が多い宿場は珍しい。

問屋場は本町にあり、問屋二名が上番・下番に分かれて毎月一五日ずつ勤めた。このほかに年寄三人や帳付・仮名役・迎番・割増方・調方が各二人、馬指四人・歩行割二人・定使二人などがいた。

宿場の南方は駿河湾に面した湊である。天保十四年頃には鯛・鰹・鯵などを捕る漁船八艘と、甲州・豆州への荷物運送船一七艘があり、運送船のうちの一一艘は江戸廻船としても利用していた。

蒲原宿から由比宿までは一里。この辺りを含め、興津より浮島原までの海岸を田子の浦と総称する。

山と海に挟まれた由比宿

由比宿の宿域は、神沢川より由比川までの往還長さ八町五六間、うち町並は五町半である。東海道の宿場の町並平均が一八町であるから、由比宿は極めて小宿である。天保十四年（一八四三）の家数は一六〇軒、人口が七一三人（女五〇％）。同じく平均家数・人口が九七五軒・四千人弱であり、この面からみても小規模である。

小宿のために独自で規定の伝馬役を勤めることができず、寛文五年（一六六五）に定助《じょうすけ》であった同宿の西に続く北田・町屋原・今宿の三カ村を加宿とし、本宿六分・三カ村四分で分担するようにした。しかしそれでも本宿と三カ村が疲弊したので、元禄七年（一六九四）に右の三カ村に加えて神沢・阿僧・東山寺・西山寺・寺尾・東倉沢・西倉沢・入山の八カ村も加宿とし、本宿五分・加宿一一カ村五分で勤めようになった。

由比宿辺りは北に山が迫り、南は海で、しかも近隣村々を加宿にしたので、助郷に指定する村がなかった。そこで規定の伝馬役を超える継立量がある場合には、隣の蒲原・興津宿の人馬が由比宿を追い通して継ぎ立てた。

宿泊施設としては、本町に本陣・脇本陣が各一軒あり、旅籠屋は三二軒であった。問屋場は、当初は一カ所であったが、元禄八年に加宿一一カ村が自ら問屋・年寄を立てたいという訴訟を起こして二カ所になった。二カ所の問屋場はともに本町にあり、問屋二人・年寄四人・出迎番六人・帳付四人・帳付見習三人・馬指四人・吟味役一人・歩行割二人がいて、これらのうちの一六人ずつが一カ月交替で勤めた。

由比宿より蒲原宿までは二里一二町。この中間に間《あい》の宿《しゅく》である西倉沢と、続いて薩埵峠がある。西倉沢には、鮑や栄螺《さざえ》の壺焼きを商う茶屋が並んでいた。なかでも名主の藤屋七郎兵衛の家は、座敷からみる富士山がすばらしいために望嶽亭と呼ばれ、多くの文人墨客が訪れた。

西倉沢は立場であるのに名主の川島勘兵衛の家を本陣、藤屋と灘屋太右衛門を脇本陣と称し、幕末には灘屋に代わって柏屋幸七が脇本陣を称した。幕府は間の宿での宿泊を禁止したが、景色がよいので小休止する大名も多かったのである。

この辺りは薩埵山が海岸線に突き出し、広重「五拾三次」がよく描写している。本書のカバーの背表紙はその一部である。

当初の東海道は海岸を通っていた。海岸と言っても浜辺はなく、絶壁に打ち寄せる波間を縫って通り抜ける、まさに「親知らず子知らず」の危険な道であった。そこで明暦元年（一六五五）の朝鮮人の来朝に際し、薩埵峠の山腹を通る道を開いた。続いて天和二年（一六八二）の来朝の時に、さらにその上を通る道を開いた。

清見寺の門前に続く興津宿

薩埵峠西麓の興津川は、三月五日より十月五日まで興津宿の三五人が川越人足となり、旅人から賃銭を取って渡した。しかし冬季には仮板橋を架けたので、旅人は無賃で渡ることができた。

興津宿内の東方からは身延道が分岐し、その左側の石塔寺の入口に「承応甲午歳七月」と刻まれた身延道の道標がある。この身延道は主に上方からの旅人が利用し、宍原を経由して、万沢村で岩淵村から分岐する身延道と合流する。

興津も律令制の駅であり、中世には宿として栄え、戦国時代には今川氏の伝馬役を勤めた。慶長六年（一六〇一）の宿設立当初は独自で人馬継立を勤めた。しかし天和三年（一六八三）からは東隣の中宿町も三二疋分を分担した。中宿町は一般的には加宿に相当するが、実際に加宿と記した資料は少ない。宿場としては興津本宿と中宿町でなるが、年貢などの地方行政は別組織であった。

中宿町は当初、高一六石につき伝馬一疋を勤めたが、天保四年（一八三三）に負担が大きいので高分日割勤めへの移行を訴えた。興津宿は反論したが、翌年に中宿町が訴えを取り下げ、四分を興津宿で賄うことで内済した。

興津宿は中宿町を別にして、東町と西町に分かれる。天保十四年の宿内の町並は一一町弱、家数は三一六軒、人口一六六八人（女五一％）。本陣・脇本陣は東町・西町にそれぞれ一軒ずつあり、旅籠屋は三四軒であった。

問屋場は東町にあって、興津本宿と中宿町の問屋各一名が交替で勤務した。そのほかに年寄四人・帳付四人・馬指五人・人足差三人がいた。

興津宿の西方には「東海名区」と謳われた清見寺がある。大和朝廷が東北に備えて清見関《きよみがせき》を置いたところで、清見寺は関寺《せきでら》であった。家康が今川氏の人質時代に学問をした寺ともいう。高山樗牛の『清見寺鐘声』で著名な梵鐘は、秀吉の小田原攻めに使用されたともいう。江戸時代には朝鮮通信使の一行が立ち寄ったこともあり、その縁で使節の通行ごとに使者が派遣された。

清見寺の門前町は立場で、膏薬《こうやく》が名物。店の前には、若い美童が化粧をして客引きを行っていて男色の噂が絶えなかった。興津宿から江尻宿までは一里二町である。

巴川を挟んで発展した江尻宿

巴川河口の江尻は、戦国時代には今川氏の伝馬役を勤めた。永禄十二年（一五六九）に武田信玄によって城が築かれ、次いで穴山信君（梅雪）が城主となったりしたが、慶長六年（一六〇一）に廃城した。

当初の東海道は、城の北を通っていた。しかし慶長十二年に巴川に稚児橋を架け、南の海岸近くへ付け替えた。巴川が駿河国庵原郡と有度郡の郡境である。すなわち江尻宿は二つの郡にまたがる宿場であったのである。

江尻宿は、九カ町からなり、主に伝馬役を勤めたのが稚児橋近くの下町・中町・魚町で、これを江尻町とも、江尻三町とも言った。伝馬町と入江町は歩行役の一部を勤めたが、他の四カ町は人馬役を勤めない無役町《むやくまち》であった。

江尻宿の人馬役の負担配分については複雑で、しかも途中で変更もあったらしい。まず天和元年（一六八一）に江尻地方・入江町・上野原村・元追分村・江尻出作・辻村の六カ村を宿付《しゅくづき》に指定して伝馬四〇疋を分担させた。このうち江尻地方・入江町・江尻出作は本宿へ編入されたようで、『宿村大概帳』には辻村・上野原村・元追分村だけを宿付としている。さらに正徳五年（一七一五）には高橋・吉川・吉川新田・北矢部・下清水・上清水・有東坂村の七カ村を加宿にし、三五人・三五疋を分担させた。しかしこのうち吉川新田は吉川村に編入されたようで『宿村大概帳』には同村の名がない。

天保十四年（一八四三）の宿内の町並は一三町、加宿・宿付を含めた家数は一三四〇軒、人口六四九八人（女五一％）。うち魚町と中町に本陣一軒ずつ、脇本陣は下町に二軒、中町に一軒あり、旅籠屋は江尻三町を中心に五〇軒。問屋場は魚町にあり、問屋一人・年寄二人・帳付六人・馬指六人・人足賄二人がいて、交代で出仕した。

江尻宿西隣の元追分村に「是よりしミづ道」と記した道印石がある。これより一〇町を南下すると清水湊で、駿府と清水湊を結ぶ道である。

清水湊は戦国時代より重視されていて、江戸時代には駿府の外港の役割も果たした。甲州が幕府領となった享保九年（一七二四）からは、富士川を下った年貢米が蒲原湊から清水湊へ回送されたので、清水湊に甲州城米の御蔵が建てられた。『宿村大概帳』によれば、御蔵は当時一八棟あり駿府町奉行が支配するとある。

入江町からは久能山道が分岐する。久能山には古くから久能寺が建てられていたが、信玄が永禄十二年に久能寺を村松村に移して久能城を築城した。元和二年（一六一六）に家康が没すると、遺言によりこの地に葬ったが、翌年に日光へ改葬された。その跡には東照宮が造営され、旗本の榊原氏が神職となって子孫が継承した。西方から久能山へ迂回する道筋は、府中宿の阿部町か下伝馬町から右折することになる。

江尻宿から府中宿までは、東海道で二里二五町。ほぼ中間の国吉田村の吉田が立場であった。

府中宿は江戸と並ぶ幕府の拠点

古代に駿河国の府中であったので駿府とも言う。府中は家康に縁《ゆかり》の地であり、地名を静岡と改めたのは明治二年(一八六九)の版籍奉還の時である。

今川氏の本拠の駿府城は、永禄十一年(一五六八)の武田氏の侵攻によって焼かれ、跡地が定かでない。家康は天正十四年(一五八六)に浜松城より駿府城へ移った。天正十八年に家康が江戸へ移され、その跡に中村一氏が入った。関ケ原の役後には家康の家臣の内藤信成が入った。

慶長十年に将軍を秀忠に譲った家康は、駿府を隠居地と決め、十二年に西国大名を動員して本格的な城を完成させた。しかし完成直後に焼失したので、翌十三年に再建した。元和二年(一六一六)四月に家康はここで没し、子の頼宣や家光の弟の忠長が城主になった。寛永九年(一六三二)の忠長の改易後は城代を置き、明治元年(一八六八)に徳川家達が七〇万石で入城した。

城代時代には、江戸から城代をはじめ定番・町奉行・代官・武具奉行・駿府在番・駿府加番や与力・同心・番衆など、多くの役人が派遣された。『東海道中膝栗毛』を著した十返舎一九は、駿府町奉行の同心の子と言われている。

駿府の町は都市計画による造営で、九六カ町からなる。かつては職業集団ごとに一区画に住んだので、町名に職種を示すものが多い。

府中宿は東の横田見付から、本陣・脇本陣・問屋場などのある伝馬町を中心に、新通り川越町の見付を抜けるまで。当初、宿内の東海道は呉服町から本通りを通っていたが、慶長十四年に南の新

竪絵東海道・府中　広重

通りに改められた。東海道筋の町数だけでも二六カ町もある。

町外れの安倍川と弥勒は幕府公認の傾城《けいせい》町である。当初は五町あったが、後に三町を江戸の新吉原に移したので、二丁町と言うようになった。

天保十四年（一八四三）の宿内の町並は二八町、家数は三六七三軒、人口一四〇七一人（女四九％）。そのうち本陣は上下伝馬町に一軒ずつ、上伝馬町に脇本陣二軒があり、旅籠屋は四三軒。この家数や人口は二丁町の遊女や武家関係を除いたものであるが、それでも東海道のなかでは伏見宿と大津宿に次いで三番目に多い。

府中宿の伝馬役は、当初は伝馬町だけで勤めていたが、延宝三年（一六七五）から諸役免除の町を除き府中全体で助人足を出すようになった。

高札場は札之辻、問屋場は上伝馬町に一カ所あった。問屋二人・年寄三人・宿賄吟味仮役二人・帳付一一人・馬指一二人・人足指八人がいて、交代で出仕した。問屋場には正徳二年（一七一二）より荷物貫目改め所が併設された。

府中宿では、牛車稼ぎが認められていた。これは駿府城再建の時に物資運搬用として京都よりもたらされたもので、その後は府中と清水湊の間を往復した。東海道筋で牛車が認められたのは、京都近辺と府中・江戸だけである。

府中宿は紙子・竹細工・油蒔絵・盆山石などが特産である。また足久保茶の産地としても知られ、茶町はその集散地であった。

府中宿から丸子までは一里一六町。安倍川の東岸の弥勒町が立場で、安倍川餅を銭五文で売る茶店が並び、「安倍川の五文取り」と呼ばれた。

とろろ汁で知られた丸子宿

弥勒町と手越村の間を流れる川幅六六〇間の安倍川は、歩行渡《かちわたし》である。川会所《かわかいしょ》は両岸にあり、弥勒町の方の会所には問屋三人・川番三人・年寄肝煎二人・組頭一八人・瀬踏三人・川越人足一三一人がいて、弥勒町など一三カ村が出仕した。

手越村の方の会所には年寄二人・川役人六人・定番一人・瀬踏四人がいて、手越・手越原・東新田・上河原・下河原村が村高に応じて計八〇人、丸子宿が五〇人の川越人足を出した。両方の会所には蓮台《れんだい》が六〇挺ずつあり、そのうち、二〇挺は御用通行用であった。安倍川より丸子宿までは約一三町である。


丸子は、品川宿から数えて二〇番目の宿場。鎌倉時代からの宿である。東海道沿いの宿域だけでなく、泉ケ谷・戸斗谷・宗小路・元宿・二軒屋など一四カ所を枝郷《えだごう》とした。これらの枝郷では、大通行の時には宿泊の分宿を請け負い、丸子宿の伝馬役のうちの二五疋も分担した。

宿内の町並は七町。宝暦元年（一七五一）には伝馬屋敷一四六軒・百姓家五八軒のうち、火災で伝馬屋敷九八軒・百姓家七軒を消失した。天保十四年（一八四三）の家数は二二一軒、人口七九五人（女五四％）。中町に本陣一軒、脇本陣二軒があり、旅籠屋は二四軒であった。

高札場は宿西入口、問屋場は中町にあった。問屋一人・年寄五人・帳付八人・馬指六人・人足指五人がいて、交代で出仕した。

名物の薯蕷汁《とろろじる》は、山芋を擦りおろして味噌汁でのばし麦飯にかけて食べるもので、江戸時代中期には一椀二〇文であった。店ごとに茶屋女が旅人へ呼び入れの声をかけたという。芭蕉も「梅若菜丸子の宿のとろろ汁」の句を残している。

宿場西北の泉ケ谷にある柴屋寺《さいおくじ》は、永正元年（一五〇四）に連歌師の柴屋軒宗長が今川氏親の厚遇を得て草庵を結んだのが起源である。江戸時代の朱印高は五石と少ないが、宗長作の庭園は名園として知られ、東海道を往来する文人の名所であった。火吹き道具である吐月峰《とげっぽう》が名物。

丸子宿より岡部宿までは二里。途中、間の村は宇津谷村だけで、同村の御羽織茶屋が立場であった。宇津谷峠道は戦国時代に開かれた東海道。それ以前はいわゆる「蔦の細道」が主流であった。峠手前の御羽織茶屋には、天正十八年（一五九〇）の秀吉による小田原攻めに際し、三足の馬の草鞋を渡した褒美《ほうび》としてもらった紙子《かみこ》の陣羽織が残り、江戸時代の参勤大名もそれを見物した。小さな団子を一〇個ずつ九連につないだ十団子《とおだんご》が名物である。

宇津谷峠の麓の岡部宿

岡部は、宇津谷峠の西麓に位置し、鎌倉時代からの宿で、慶長五年（一六〇〇）に横田村詮が発した伝馬掟書《おきてがき》にも岡部新宿とある。しかし同六年に徳川氏が東海道へ宿場を設置した時には、対象から外れ、翌年に改めて宿に追加された。

宇津谷峠には明治九年（一八七六）に歩行者用のトンネルが開通し、峠越えが様変わりした。当時は測量技術が未熟で、丸子・岡部側の両方から掘った穴が中央でうまく合致せず、合致場所がくの字型に曲折して、しかも段差がついてしまったというが、今では真っすぐに直されている。

歌枕で知られる「蔦の細道」は戦国時代までの東海道で、江戸時代の東海道からみれば東南部に当たる。山道は半里程であるが、さびしく険阻な道である。ここが有名になったのは、在原業平が『伊勢物語』で「いと暗う細きにつたかえでは茂り」と記したことによる。江戸時代には通る人もなくなったが、道筋は伝えられ、文政十三年（一八三〇）に駿府代官の羽倉外記が撰した「蘿径《らけい》記《き》」碑文が岡部側の入口の延命地蔵堂に建立された。蘿径とは蔦の細道の意味である。

岡部宿は、町並が南北に一三町五〇間余、横町・本町・河原町からなる。寛永十二年（一六三五）に南隣の内谷村を加宿とし、本宿が六〇人・六〇疋、加宿が四〇人・四〇疋を分担した。高札場は内谷村にあり、問屋場は宿内本町と内谷村にあって月の上一八日を岡部、下一二日を内谷村が担当した。問屋二人・年寄五人・帳付一一人・馬指九人・人足指八人がいて、交代で出仕した。

天保十四年（一八四三）の加宿を含めた家数は四八七軒、人口二三二二人（女五〇％）。宿内本町に本陣・脇本陣が二軒ずつあり、旅籠屋は二七軒であった。家並の裏には細い用水路が流れ、生活に共用していた。

街道北側の仁藤本陣は天保五年の火災で焼失し、その跡を中新田の増田与右衛門が買い取って脇本陣を経営したが、安政年間に仁藤氏が買い戻した。南側の内野本陣の祖先は今川氏の家臣と伝えられ、元禄年間から本陣を勤めるようになったという。宿内の大旅籠屋であった柏屋《かしばや》は改修復元工事を終え、近く公開される予定である。

岡部の名物は豆腐《とうふ》とシダ細工。豆腐は鎌倉時代から名物で、公開予定の柏屋でも販売されるとのこと。シダ細工は嘉永年間に内谷村の人が製造をはじめ、花籠・衣類籠・盆・菓子箱・重箱として重宝され、明治時代には海外へも輸出された。

岡部宿より藤枝宿までは一里二六町。途中、立場は藤枝へ二五町の鬼嶋村地内の八幡橋、一五町の水守村のあぶみの二カ所にあった。

八カ村で構成した藤枝宿

藤枝は駿河国志太・益津両郡にまたがる宿場で、

田中城の城下町でもある。藤枝という単独の町村はなく、東海道に連なる東より左車町・下伝馬町・白子町・長楽寺町・吹屋町・鍛冶町・上伝馬町・木町・川原町にはそれぞれ親村がある。

このうち白子町は住民の祖先が伊勢国白子で、本能寺の変の際に逃れる途中の家康を救助したという伝説を有し、伝馬役だけでなく諸役が免除されていた。すなわち伝馬役を負担するのは残り二郡下の八カ町で、親村八カ村がそれぞれ村の一部を藤枝宿へ提供したのである。

田中城は今川氏が築城し、武田氏によって丸馬出しなどが造成され、田中城と名付けられた。慶長六年（一六〇一）に酒井氏が入城して以来、親藩・譜代大名が襲封し、江戸時代前期に城郭が完成した。土塁と堀を同心円状に配置する円郭式の縄張りで、形状から亀城とも亀甲城とも呼ばれた。

家康は駿府での大御所時代、鷹狩りのついでにしばしば田中城に立ち寄った。藤枝宿東方二五町の鬼嶋村で、東海道から南へ分岐する道がある。家康が田中城へ入る時に利用したので御成道《おなりみち》と称し、同城の平島口へ通ずる。家康は元和二年（一六一六）正月二十二日の夜、田中城で発病し、二十五日には駿府へ帰ったが、四月十七日に死亡した。

藤枝宿の町並は九町。城下町であるので宿場の東西入口に木戸《きど》と番所があった。天保十四年（一八四三）の家数は一〇六一軒、人口四四二五人（女五〇％）。上伝馬町に本陣が二軒あり、旅籠屋は三七軒であった。当時は脇本陣はなかったが、幕末に銭屋と万年屋が指定さている。

高札場は上伝馬町、問屋場は上伝馬町と下伝馬町に一カ所ずつあり、上りと下りの継立を分担した。宿人馬は、上・下伝馬町がそれぞれ一一人・五〇疋ずつ、残り七八人を白子町を除く平町の六カ町が分担した。宿内には問屋二人・年寄九人・

帳付九人・馬指七人・飛脚番八人・触状持一〇人・人足方八人・下働一二人がいて、交代で出仕した。

藤枝宿西木戸の西を流れる川幅一三〇間の瀬戸川は、水量が少なければ歩行で自由に通行できた。出水の際には川原町に仮会所を設け、歩行渡をした。定川越人足は一五人で、川原町・志太村・稲川村から五人ずつを出した。

藤枝宿より島田宿までは二里八町。途中、立場は島田へ一里八町の上青島村の三軒屋にあった。名物に、強飯を梔子《くちなし》で染めて潰し小判型に干した瀬戸の染飯《そめいい》がある。梔子は腰を強くするということで旅人に評判が良く、浮世絵や各種の道中記にも取り上げられた。

大井川の川越で栄えた島田宿

島田は、言わずと知れた大井川の難所の東岸の宿場。律令時代の東海道は遠江国初倉と駿河国小川駅を結び、大井川の渡し場は江戸時代の場所より六キロメートル程下流にあった。鎌倉時代に島田・金谷間に移り、島田は宿となった。

徳川氏による宿場の設置から間もない慶長九年（一六〇四）の大井川洪水により、宿場は一〇町北方の元島田へ移転した。しかし元和元年（一六一五）に宿場を守る囲い土手を造成して地子《ちし》が免除され、旧地へ戻った。

宿内の町並は東西に一丁目から七丁目まであり、長さは九町四〇間。天保十四年（一八四三）の家数は一四六一軒、人口六七二七人（女四九％）。本陣が二丁目に二軒、三丁目に一軒あり、旅籠屋は四八軒であった。城下町でもないのに、家数・人口は東海道五三宿のなかでは七番目に多い。

宿場の北側裏に代官所があった。しかしこの辺りの幕府領は寛政六年（一七九四）に駿府代官の支配となり、出張陣屋《じんや》となった。

高札場は西端の川越場、問屋場は宿内五丁目にあった。問屋一人・年寄三人・帳付四人・馬指三人・人足指三人・飛脚番一〇人がいて、交代で出仕した。常備人馬は、他宿と異なって一三六人・一〇〇疋。地子免除は四万五千坪余で、東海道では三島・岡崎宿に次ぐ広さであった。

島田宿より金谷宿までは一里、大井川の川越である。江戸時代初期には川越制度が未成熟で、旅人が自ら渡ったり、案内人を依頼したりしていた。しかし寛文年間（一六六一～七三）に島田代官が川目代《かわもくだい》を任命し、統制が進んだ。さらに元禄九年（一六九六）に川庄屋二名が任命されて川越制度が整い、後には川庄屋を四名に増員、川会所も設置された。

竪絵東海道・島田　広重

川会所とは、宿場の問屋場に相当する施設である。旅人は川会所で川札《かわふだ》を購入し、川越人足へ渡して大井川を渡るのである。

川越賃は、川幅や水量によって異なり、渡河方法でも異なった。常水時の肩車なら川札一枚であるが、増水すると補助人足が必要であるので二枚となる。蓮台《れんだい》で渡るには台札を購入し、平（並）台なら台札二枚と川越人足四人の川札四枚であるから都合六枚が必要ということになる。さらに高級な半高欄蓮台・中高欄蓮台・大高欄蓮台などに乗れば、台札や川札が増える。川越人足は、初期には一五〇人であったが、後に三五〇人となった。天保十四年には四八二人、幕末には六〇〇人の川越人足がいた。川越人足は一番から一〇番までの組に別れた番宿《ばんやど》で待機し、必要に応じて何組かが出動し、大通行の時には全員が勤めた。

明治天皇の東幸に際しては大井川に仮橋を架け、三百年間の歩行渡《かちわたし》の伝統が破られた。明治三年（一八七〇）に川越制度が廃止となって渡船に代わると、川会所や番宿は取り壊されたり、ほかの場所へ移転された。しかし昭和四十一年に大井川川越遺跡として国史跡に指定されたのを契機に、川会所を移築復元し、札場やいくつかの番宿も復元した。東海道で最大の難所である大井川にも、明治十五年には架橋された。

遠江国の宿場

大井川西岸の金谷宿

大井川の西岸は遠江国である。大井川に隣接して河原町があり、続いて金谷宿である。金谷は室町時代からの宿であった。

河原町は、もともと大井川の河原であったが、天正十年（一五八二）の中村一氏による天正の瀬直しによって集落が発生した。慶長八年（一六〇三）に代官の浅原喜蔵が金谷宿河原町と名付け、金谷の枝村《えだむら》となった。その後、時期は明確でないが、分村して金谷宿の加宿《かしゅく》となった。

大井川の川越に関する業務は河原町が主に担当し、同所に川会所《かわかいしょ》・川越人足番宿・札場などがあった。天保十四年（一八四三）頃には、川越人足が河原町に三〇〇人、金谷宿に五〇人、ほかに岡《おか》働《ばたら》きが二〇〇人で、合計五五〇人がいた。川越人足は、島田と同様に一〇組に分かれ、それぞれの番宿に属して交代で出動した。

金谷宿の町並は一六町二四間。天保十四年の加宿を含めた家数は一〇〇四軒、人口は四二七一人（女五一％）。金谷宿独自では、享和二年（一八〇二）の家数五〇二軒、人口二〇二三人である。

宿内の本町に本陣三軒と脇本陣一軒があり、旅籠屋は五一軒で、宿泊施設は対岸の島田宿より充実していた。

本陣は山田・佐塚・河村の三氏。柏屋を名乗る河村氏は家康から屋敷を拝領したと伝えられ、宿内では名主を兼ねて最大規模を誇った。佐塚本陣には、家光が上洛の時に大井川で使用したという大高欄付の蓮台を保存する。

宿の高札場は宿内の中程、問屋場はもともと二カ所にあったが、やがて上本町の南側に統一した。金谷宿の常備人馬も他宿より多い一五五人五分・一〇〇疋。本宿が四二人・一〇〇疋、河原町が一一三人五分ずつで分担した。宿内には問屋二人・年寄五人・帳付五人・馬指六人・人足割四人がいて、交代で出仕した。

河原町の宅円庵には、見付の東の刑場で処刑された日本左衛門の墓がある。情婦のお万が、見付の刑場に晒《さら》されている首を盗み出して葬ったものと伝えられている。ただし墓は見付の見性寺にもある。日本左衛門は本名を浜島庄兵衛と言い、金谷宿にいた尾張藩七里飛脚の子である。

金谷宿西端の長光寺を過ぎて土橋を渡ると、東海道は文政年間に石畳が敷かれた金谷坂という急坂道となり、登り切ると諏訪原城へ向かう。振返ってみれば、大井川から遠く富士山を見渡すことができ、今では金谷の町の夜景もなかなかのものである。

金谷坂上は茶園で名高い牧之原。この茶園は、幕府の倒壊により禄を失った旧幕臣団と、歩行渡を廃止して職を失った大井川の川越人足が、明治三年から開拓したのが発端である。

金谷宿より日坂宿までは一里二四町。短距離ではあるが、途中に小夜の中山の難所があり、日坂へ一里六町の菊川村、同じく二四町の小夜の中山地内の新茶屋の二カ所に立場があった。菊川は鎌倉時代の宿で、建久元年（一一九〇）に源頼朝が上洛した時に泊まっている。

小夜の中山の麓の日坂宿

日坂宿は山坂の多い小規模な宿場である。それによって近代交通からはずれ、静岡県内では比較的旧態を残している。東方に小夜の中山を控え、そこで四軒の茶店が飴の餅を商っていた。

小夜の中山は村名でもあり、全村が久遠寺領である。この峠は古来、東海道の歌枕として知られ、西行の「年たけて又こゆべしと思ひきや　命なりけり小夜の中山」はよく知られている。

久遠寺が有名になったのは、夜泣き石の伝説による。殺害された妊婦の霊魂が乗り移ったとされる夜泣き石の伝説が、いつ頃から広まったのかはわからないが、文化元年（一八〇四）に滝沢馬琴が『石言遺響』を著して広く知られるようになった。東海道の真ん中にある夜泣き石は、多くの浮世絵に描かれた。大名行列も、ここでは左右に分かれなければならない。今では、夜泣き石は北を走る国道1号の近くに移されている。

峠を西へ下ると日坂宿である。宿内は東から本町・下町・古宮町と続く。宿内の町並は六町半。天保十四年（一八四三）の家数は一六八軒、人口七五〇人（女五三％）で、東海道では坂之下・由比宿に次いで少ない。本町に本陣・脇本陣が一軒ずつあり、旅籠屋は三三軒。本陣は片岡氏が世襲した。脇本陣が二軒であったこともある。

高札場は下町、問屋場は本町にあった。問屋一人・年寄四人・請払二人・帳付五人・馬指三人・人足割三人と人足割下役六人がいて、交代で出仕した。

大須賀鬼卵《きらん》は、享和三年（一八〇三）に東海道各宿の文化人名録である『東海道人物志』をここで著した。鬼卵は河内国の出生であるが、各地を転住した後に、日坂宿で煙草屋《たばこや》を営みつつ、多くの読本を刊行した。

日坂宿の名物は葛《くず》の粉に豆を交ぜた蕨餅《わらびもち》で、宿内の家々で商った。宿場の西隣は八幡領で、全村が誉田八幡宮領。この社は願い事がそのまま叶うので事任《ことのまま》八幡宮とも称され、清少納言も『枕草子』で「ことのままの明神いとたのもし」と記している。もとは日坂宿内の古宮町に鎮座した。

日坂宿より掛川宿までは一里二九町。途中、掛川宿へ三五町の千羽村の山鼻に立場があった。

竪絵東海道・日坂　広重

天守閣を復元した掛川宿

掛川宿は、掛川城の南側に設けられた。城下町でもあるので、東の入口の木町と新町の間と、西入口の十王町と西町の境に番所があった。

掛川城の前身は朝比奈氏の天王山城で、十六世紀初頭に南西へ五町の地へ新城を築いた。それが掛川城である。永禄十二年（一五六九）に家康が攻め、石川氏が城主となったが、天正十八年（一五九〇）に山内一豊が五万石で入城した。

関ケ原の役後、山内氏は二〇万石に加増されて土佐国高知へ移り、代わって家康の異母弟の久松定勝が襲封した。その後は城主が目まぐるしく代わり、延享三年（一七四六）に太田資俊が五万石で入城して定着した。

城と城下は、山内氏時代に大規模な改修が行われた。城下を流れる逆川の北側に武家屋敷を配し、南側に宿場を形成した。城は明治十年に取り壊されたが、平成六年に復元されて話題なった。

宿設置当初は、仁藤町・中町・西町が伝馬役町であった。享保三年（一七一八）に塩町・木町・肴町・連雀町を新伝馬町、新町・研屋町・紺屋町・瓦町を新人足町として追加した。明治初年の記録によれば、宿西の十九首町・十王町・下又町や、仁藤町の一部であった笠屋町も伝馬役を負担している。

天保十四年（一八四三）の宿内の町並は八町、家数は九六〇軒、人口三四四三人（女五三％）。本陣は連尺町と中町に一軒ずつあり、旅籠屋は三〇軒であった。連尺町の本陣は沢野氏で、もとは近江国の浅井氏の家臣という。中町の本陣は村松氏である。『宿村大概帳』には脇本陣の記載がないが、幕末には林氏が脇本陣を務めている。

高札場は仁藤町、問屋場は中町にあった。問屋一人・吟味役三人・帳付四人・馬指四人・人足方三人がいて、通常時も宿役人全員が詰め、ほかに藩士も出仕した。大通行時は宿内の旅籠屋に仮継所を設け、継立業務に当たった。

宿内の天然寺には、寛政十年（一七九八）四月に江戸へ向かう途中で死亡したオランダ貿易商人のゲイスベルト・ヘンミーの墓がある。仏式で葬式をし、「通達法善居士」の戒名を受けた。

掛川の特産品は葛布《くずふ》、地元ではかっぷと言う。近隣の山に自生する葛の繊維で葛布を織り、武士の裃《かみしも》や袴などに用いた。

掛川宿から西へ約八町の大池川土橋の西詰から秋葉山への道が分岐し、唐銅の大鳥居や常夜灯が残っている。秋葉山三尺坊は、火防の神として知られ、東海・関東地方に秋葉講《あきはこう》が結成されて多くの旅人が訪れた。東海道から秋葉山への道は各所にあるが、東国からの参詣者の多くはこの道を利用した。秋葉山までは約九里である。

掛川宿より袋井宿までは二里一六町。途中、袋井宿へ三三町余の原川村に椎木茶屋という立場があった。同村にはこのほかにも旅人相手の酒屋や茶屋が多かったので、原川町とも呼ばれた。

五十三次のど真ん中　袋井宿

袋井宿は品川宿より数えて二七番目の宿場。東海道を五三宿と数えるなら、数字的に真ん中ということになる。袋井は室町時代には宿であったが、江戸幕府による宿の指定は元和二年（一六一六）のことである。

宿場は東入口の天橋を渡ると桝《ます》型があり、茅町・新町・本町と続き、西端にも桝型があって中川橋へ出る。この間、宿内の町並は五町一五間で、東海道の宿場中で最も短い。

宿場のほぼ真ん中に原野谷川が流れ、北には分流の沖の川と宇刈川、南に逆川が流れ、合流して太田川となる。何度も川の氾濫に遭ったので、防災のために宿場全体が土手で囲まれている。

天保十四年（一八四三）の家数は一九五軒、人口は八四三人（女五五％）。本陣は本町に二軒、新町に一軒あり、旅籠屋は五〇軒であった。家数の割には旅籠屋数が多く、女性の比率も高い。新町の田代本陣は東本陣と呼ばれ、元和四年から寛永十一年の宿帳《やどちょう》を残す。本町の本陣はともに太田氏を名乗り、それぞれ中本陣・西本陣と称した。

高札場は中川橋際にあり、問屋場は本町にあった。問屋一人・年寄二人・宿賄三人・帳付四人・馬指二人・人足方二人・人馬下働四人がいて、交代で出仕した。

東海道からは少し外れるが、豆・駿・遠・三州の僧録司《そうろくし》である可睡斎、厄除け観音で知られる法多山尊永寺、三重の塔を擁する油山寺がある。地元では合わせて遠州三山と呼んでいる。

史実は明らかでないが、可睡斎一一代住職の等膳は家康と懇意で、家康が浜松在城時代に招かれた時に居眠りをし、家康が「眠る可し」と言ったことにちなみ、寺名を可睡斎に改めたという。油山寺の山門は掛川城の大手門を移したもので、国の重要文化財に指定されている。
袋井宿より見付宿までは一里半。途中、立場は見付宿へ三四町の西嶋村、同じく一八町の三ケ野村の二カ所にあった。

国府の所在地であった見付宿

見付は、古代に遠江国府の所在地であった。見付の地名は、西方から来た旅人がここで富士山を見付けることができたことに由来するというが、定説ではない。室町時代には、現在の大見寺境内一体に今川範国が見付城を築いた。

天保十四年(一八四三)の宿内の町並は一一町四〇間、家数は一〇二九軒、人口三九三五人(女五二%)。馬場町に本陣が二軒、東坂町に脇本陣が一軒あり、旅籠屋は五六軒であった。本陣はそれぞれ南・北本陣と呼ばれた。脇本陣大三河屋の門は、磐田市内の別の場所に移築されている。

高札場と問屋場は東坂町にあった。問屋三人・年寄六人・帳付五人・請払役三人・馬請三人・人足指三人がいて、交代で出仕した。

江戸時代初期には、宿内で三・六・九のつく日の月に九日の市が開かれていたが、やがて中絶し、天保年間には十二月二十三・二十六・二十九日の三日だけになっている。定期市が発展的に解消し、常設市に代わったのであろう。東海道中では、城下町を除けば有数の繁華な宿場町であった。

宿内は横町でほぼ直角に南下し、東海道は中泉村でまた直角に西進する。途中、久保村に天平年間(七二九~七四九)に遠江守桜井王が国衙《こくが》の庁内へ勧請した府八幡宮がある。江戸時代には朱印高二五〇石を有する大社であり、中泉代官の末裔《まつえい》の秋鹿《あいか》氏が神主を勤めた。宿内横町をそのまま西方へ向かえば、天竜川渡船場の池田への近道であるが、入口には通行禁止の制札《せいさつ》が建っていた。しかし実際には徒歩での旅人の多くが、この池田近道を利用した。

中泉村には遠江・三河国の幕府領を支配する代官所があった。代官所の南側は、家康が浜松在城時代に御茶屋御殿を建てた場所である。代官は当初、秋鹿氏であったが、元禄十年（一六九七）に秋鹿道重が没すると世襲制が崩壊した。

見付宿より浜松宿までは四里七町の長距離。途中、立場は中泉村の大乗院、立野村の長森、池田村、天竜川西方の薬師新田村の安間、向宿村の天神町の五カ所にあった。長森の山田家では膏薬《こうやく》を商っていた。池田には茶店が多く、間《あい》の宿《しゅく》と称したりした。

江戸時代初期には、東海道は長森から天竜川を渡って対岸の中野町村へ通じていた。しかし寛文元年（一六六一）に池田村経由となり、距離が一里延長した。

池田は、鎌倉時代に宿として栄え、同地の行輿

行書ー東海道・浜松　広重

寺には『平家物語』や謡曲「熊野」で有名な長者の娘の熊野《ゆや》の墓がある。同村は江戸時代に天竜川渡船を運営したが、途中で浜松宿の東の馬込川に架橋されたので、馬込川渡船を運営した船越一色村へ運営権の四分の一を譲渡した。

諏訪湖を水源とする天竜川は、この辺りでは流路が通常二節になって、東の方を大天竜、西の方を小天竜という。遠江国の村々は、戦国時代より渡船運営費として年二度、麦などを池田村へ勧進し、その代わりに無賃で渡船を利用した。

出世城の城下町　浜松宿

天竜川西岸の中野町村の地名は、距離的にみて江戸・京都間の中間に位置するために付いたという。江戸時代の計測では、江戸・京都間は一二六里六町一間、江戸から中野町村は六二里二九町一五間であり、確かにほぼ中間である。

天竜川西方約一〇町の安間村からは、浜名湖北岸を迂回する本坂通（姫街道）が分岐する。市野村を経由して気賀・三ヶ日宿から三遠の国境である本坂峠を越え、三河国の嵩山《すせ》宿を経て東海道の吉田宿か御油宿に合流する。ただし浜松宿内から分岐して気賀宿に通ずる道筋もあり、明和元年（一七六四）には浜松から御油宿を結ぶ道筋が道中奉行の管轄になった。

城下町である浜松宿には東西入口と伝馬町に番所があった。連尺町の大手前に高札場があって、東海道の見付・舞坂宿までの人馬賃銭のほかに、明和元年からは気賀宿までの人馬賃銭も掲示した。浜松はもと曳馬《ひくま》と言い、浜松の地名の由来はこの辺り一帯が浜松荘であったことによる。

家康は元亀元年（一五七〇）に曳馬城に入り、改築して浜松城と改名した。家康はこの後、天正十四年（一五八六）に駿府へ移るまでの一七年間を在城した。この間、元亀三年には生涯で最大危機と言われる三方原の戦いもあった。浜松城は家康の跡に菅沼定政が守衛し、天正十八年には堀尾氏が一二万石で入った。

関ヶ原の役後の浜松城主の交替は目まぐるしい。堀尾氏が出雲国松江へ移ってからは、その城主は譜代大名の一二氏に及ぶ。堀尾氏の跡の石高は最高で七万石、二万五千石という時もあった。いずれも譜代大名の名門で、多くが老中などの幕閣に任じた。地元では浜松城を、家康が在城したので出世城と呼んでいるが、むしろ江戸時代になって城主が幕閣として出世した場合が多い。その代表は、幕府の天保の改革を断行した水野忠邦である。

浜松宿は慶長六年（一六〇一）に十王町を伝馬町に改めて伝馬役を負担したのがはじまり。やがて塩町・肴町・田町・旅籠町も伝馬役を分担するようになった。正徳元年（一七一一）には連尺町も加わった。これらの御役町《おやくまち》は東海道に沿っており、裏町通には大工・鍛冶・紺屋町などの職人町が多かった。宿内では毎月、二度ずつ市が開かれた。

天保十四年（一八四三）の宿内の町並は二三町一五間、家数は一六二二軒、人口五九六四人（女五一％）。本陣は伝馬町に三軒、旅籠町に二軒、連尺町に一軒あり、旅籠屋は九四軒であった。本陣六軒というのは箱根宿とともに最も多く、旅籠屋数も浜松宿より多いのは熱田・桑名・岡崎・小田原宿だけである。もっとも元禄十六年（一七〇三）には旅籠屋が一五〇軒もあったというから、天保十四年までに随分減少している。

問屋場は伝馬町にあり、問屋二人・年寄兼帳付三人・人馬指四人がいて、通常は問屋・年寄各一人ずつが隔日交替、人馬指三人が五日交代で詰めた。このほかに町年寄一四人がいて、交代で問屋場へ出仕した。

浜松宿より舞坂宿までは二里三〇町。途中、舞坂宿へ一里一六町余の篠原村に立場があった。同村には浜松藩領と幕府領の境界を示す傍示杭が残っている。

宿囲い堤防で防御された舞坂宿

舞坂宿は品川宿から数えて三〇番目の宿場。南は遠州灘、北は浜名湖に面し、西に今切《いまぎれ》渡船場を控える。遠江国の国名の由来である浜名湖はもともと淡水湖で、湖からは浜名川が流れて遠州灘に注ぎ、浜名川には浜名橋が架かっていた。しかし明応八年（一四九九）の地震と津波によって今切ができて海水が入り交じる汽水湖になり、対岸の新居まで渡船によるようになった。

舞坂には、戦国時代に今川氏が宿を設置したが、永禄十二年（一五六九）に家康によって伝馬や荷役運送夫の停止を命ぜられた。しかし慶長六年（一六〇一）には宿に設定されているから、先の停止は一時的な戦略上によるものであろう。

小規模な宿場のため、坪井・馬郡村を加宿として伝馬役の三分の一を分担させた。もっとも宝暦十年（一七六〇）の明細帳によれば、実際には舞坂宿で伝馬二一疋、加宿二カ村で一〇疋を有しているに過ぎない。

舞坂宿は三方を海・湖に囲まれ、しばしば大水害に遭った。そこで明暦三年（一六五七）から五年を要し、海・湖に沿って南北に長さ五三四間の石垣を築き、三カ所の渡船場には雁木《がんぎ》を設けた。天和二年（一六八二）から翌年にも人足三万人余を要して長さ九二六間の土堤を築き、その後も何度か石垣・土堤の普請をしたので、まさに堤防で宿場集落を囲い込むようになった。

渡船場は宿場の西端に三カ所あって、北雁木は大名、中雁木は武士、南雁木は庶民が利用した。ただし大通行の時には、中・南雁木でも荷物を積み降ろした。

渡船場はあるものの、渡船運営は対岸の新居宿が独占していた。その新居に関所があるので、舞坂宿も飯盛女を抱えることが許されず、人馬も浜松宿までの片継ぎであるため、常に宿財政が逼迫《ひっぱく》していた。そこでしばしば渡船運営権の部分譲渡を出願したものの、ついにかなわなかった。

天保十四年（一八四三）の宿内の町並は六町余、加宿坪井・馬郡村を含めた家数は五四一軒、人口二四七五人（女四九%）。舞坂宿内だけでは、天保八年の家数が二六四軒、人口一一三〇人に過ぎない。渡船場に近い西町に本陣二軒、脇本陣一軒があり、旅籠屋は二八軒であった。

高札場は渡船場にあり、問屋場は西町にあった。問屋二人・年寄一人・加宿名主三人・人馬賄組頭一〇人・定詰帳付三人・川場馬指下役二人・日行事二人・伝馬人総代六人がいて、交代で出仕した。

舞坂宿は規模も小さく、宿場として享受する利益が少なかったので、幕末になると次第にその存続意欲が減じてしまった。文久三年（一八六三）に舞坂・浜松宿間の運河開削計画が立案されたものの、着工直前に幕末の政変で延期した。

今切渡船と関所を控えた新居宿

道中奉行が管轄した東海道は江戸・大坂間で、距離は一三七里四町一間である。したがってこの区間の中間は、浜名湖の今切渡船路ということになる。

もともと浜名湖から浜名川が流れ、鎌倉時代にはその浜名橋の西たもとの橋本が宿として栄えた。『吾妻鏡』には、源頼朝が建久元年（一一九〇）に上洛した時に集まった多くの遊女へ下賜品があり、頼朝が上の句で「橋本の君には何か渡すべき」と詠むと、梶原景季が「ただ杣川《そまがわ》の榑《くれ》ですぎばや」と付けたことが記してある。

橋本の宿は室町時代以降、次第にすたれた。そして明応八年（一四九九）の地震にともなう大津波で浜名川が埋もれて今切ができた。それからは、対岸の舞坂との二七町の渡船は、東隣の新居が担うようになった。

関ヶ原の役の直後、渡船場を利用して関所が設けられ、翌年に宿場が設定された。当初、関所は幕府直轄で、江戸から関所役人が派遣された。

元禄十二年（一六九九）八月の暴風雨で関所と新居宿は大被害に遭い、二年後に関所と宿の一部を西方へ移転したので、舞坂宿との渡船路は一里に延長した。元禄十五年閏八月、関所の管理が吉田藩にゆだねられ、新居宿とその周辺が同藩領に編入された。

宝永四年（一七〇七）十月、また大地震と大津波があり、関所と新居宿は再び壊滅的な被害に遭った。翌年三月に関所はさらに西方へ移転し、続いて宿場も総移転したので、対岸の舞坂宿との渡船路は一里半に再延長した。二度にわたる移転は都市計画に沿ったもので、新居宿は一般の宿場と異なり、周囲の社寺地以外にほとんど空き地がない城下町のような景観に変貌した。

新居宿の伝馬役は白須賀宿までの片継であるが、今切渡船は往復ともに同宿が運営した。延宝六年（一六七八）には家数六一五軒・人口三六九九人。一〇八艘の渡船と水主《かこ》が三六〇人、遠州灘で利用する浜網船三二艘・鰹猟船二一艘、湖内で稼働する作場船一二艘・丸太猟船四五艘・与板船二四艘、それに今切湊の所在地でもあるので廻船《かいせん》八六艘と水主が三〇〇人がいた。

今切湊は湖口が遠浅で立地条件が悪く、江戸時代を通じて次第に衰退した。しかし遠州灘沖合で難波しそうになった船の避難湊として、重要度は変わらなかった。

新居宿では渡船の水主三六〇人が、すなわち伝馬役負担者であった。それに加え、橋本村を加宿として同村に人馬役のうちの三割六分を分担させていた。高札場と問屋場は関所の桝型《ますがた》内にあって、渡船の船会所《ふなかいしょ》も兼ねていた。

問屋二人・年寄二人・船頭頭一二人・下役二四人・馬指四人・帳付四人・人足指四人・問屋場詰水主人足一八人・舞坂詰船頭頭三人・下役一人・水主三二人がいて、舞坂宿の方へ船頭頭・下役一人ずつと水主三二人を配した。

　天保十四年（一八四三）の加宿を含む家数は七九七軒、人口三四七四人（女四九％）。泉町に本陣が三軒あり、旅籠屋は二六軒であった。

　宝永五年の移転以降は、新居宿から白須賀宿までは一里二四町。途中、白須賀宿へ三五町の橋本村に立場があった。

潮見坂上に移転した白須賀宿

　白須賀宿の東外れの潮見坂は、街道一の景勝地として数々の紀行文に著されている。西国から江戸へ向かう旅人は、ここではじめて東方に富士山を眺望し、眼下に遠州灘を見下ろすことになる。

　もっとも宝永四年（一七〇七）の大地震以前の白須賀宿は、潮見坂の坂下、現在の元宿にあった。宿場は翌五年に坂上に総移転し、西隣の境宿新田を加宿にした。

　地質学的にみると、潮見坂は日本列島を横断する大きな断層により成り立っていて、北ははるか伊那谷《いなだに》から北陸の糸魚川まで続いている。坂下は黒土であるが、途中で土質が変わり、坂上は全くの赤土である。現在でも白須賀には、赤土の壁を塗った旧旅籠屋や古い民家が残っている。

竪絵東海道・白須賀　広重

天保十四年（一八四三）の加宿を含めた家数は六一三軒、人口二七〇四人（女四九％）。中町に本陣・脇本陣が一軒ずつあり、旅籠屋は二七軒であった。

問屋場は本陣の向かいにあり、大通行の時には旅籠屋のうちの一軒を人足会所にした。問屋二人・年寄五人・帳付三人・伝馬惣代五人・人馬指七人がいて、交代で出仕した。

元禄七年（一六九四）の助郷編成では、白須賀宿と新居宿は大助郷《おおすけごう》を共有し、大通行の際には両宿を合宿にして人馬を継ぎ立てることにした。国境の宿場で、助郷に指定する村数が少なかったからである。

『東海道中膝栗毛』では、弥次・喜多は西隣の二川宿の人足が打越《うちこし》で新居宿まで出向いた戻り駕籠に乗り、駕籠のなかの駕籠舁《かごかき》の財布を前の客の忘れ物と勘違いし、失態を演じている。失態話は別にして、元禄七年以来、白須賀宿を追い通しで継立が行われることがあったのかも知れない。

移転以前の白須賀宿から二川宿までは二里六町、移転以降は一里一七町。途中、境宿新田の外れに猿ヶ馬場という立場があり、柏餅が名物であった。傍らの杉の大木に大蜘蛛《おおぐも》が棲《す》み、暗がりに旅人を糸で巻き込んだという伝説があり、化物《ばけもの》茶屋とも呼ばれた。

猿ヶ馬場の西方に幅三間程の境川が流れ、これが遠江と三河の国境である。三河国の東端の二川宿には本陣の建物が残り、その傍らの豊橋市二川宿本陣資料館では江戸時代の交通の展示が充実している。

以上、東西のことは別にして、静岡県内には東海道の宿場が二二もある。現在の我々が自動車や鉄道で東京・大阪間を移動する時、その大半が静岡県内を走っているように感ずるが、江戸時代の旅人もそう感じたに違いない。駿河・遠江国は、まさに東海道と運命共同体であったのである。

東海道を旅した人々

東海道五十三駅狂画・丸子　北斎

参勤交代

参勤交代制の成立

江戸時代には、さまざまな人々が多種多様な目的で東海道を旅するようになり、交通施設の整備を促進し、同時に社会・経済・文化面に大きな影響を及ぼした。この時代の恒常的な最大の交通は、言うまでもなく大名の参勤交代《さんきんこうたい》によるものである。

本来、参勤とは主君のもとへ出仕して勤めることを意味した。江戸時代になると、大名が江戸に妻子をおいて定期的に幕府へ出仕したので、参勤交代と言った。さらに転じて、大名が江戸に滞在する間（在府《ざいふ》）を参勤、国元に帰っている間（在国）を交代とも言うようになった。

関ヶ原の役で実権を掌握した徳川家康に対し、最初に参勤した外様大名は、慶長七年（一六〇二）に参府した前田利長である。ただしこの時期には、家康直属の譜代大名の多くも家康の近辺で過ごしていた。

慶長十四年十月、家康は中国・西国・北陸の大名に対し、江戸への参勤と江戸での越年を命じた。次いで、慶長十六年に上洛した時にも、西国大名を二条城に呼び出し、忠誠を誓わせた。これらの地方では未だ豊臣氏の勢力が払拭されておらず、また豊臣系の外様大名が多く配置されていたからである。

元和元年（一六一五）七月、二代将軍秀忠は伏見城に諸大名を集め、以心崇伝が起草した「武家諸法度」を朗読させた。そのなかに参勤作法の箇条があり、はじめて参勤について触れている。しかし参勤の強制や交代の時期については言及しておらず、これによって参勤交代が法的に成立したとは言い難い。

次いで、寛永十二年(一六三五)六月の「武家諸法度」により、大名・小名は交代で江戸に在府し、毎年四月に参勤することを義務づけた。外様大名を念頭においたものであり、この時期には依然として譜代大名は原則的に定府《じょうふ》であった。

譜代大名に対しても法的に参勤交代を義務づけたのは、寛永十九年のことである。貞享三年(一六八六)には、定府であった江戸城雁《がん》の間詰《まづめ》(譜代大名)と、交替寄合の表御礼衆・那須衆・美濃衆・三河衆・信濃衆などの一万石以下の旗本にも参勤交代を定めた。

参勤時期については、十七世紀半ばに、外様大名を東西に分けて毎年四月に交代することが決まった。譜代大名は、六月と八月に分けて一年ごとの交代としたが、関東に封地がある大名に限って半年交代で時期を二月と八月にした。

御三家の尾張・紀伊家は譜代大名と同じであるが、水戸家は定府とし、幕閣の諸大名も原則的に江戸に常住した。このほか、遠方ということで対馬の宗氏は三年に一度、蝦夷《えぞ》の松前氏は五年に一度の参勤であった。福岡の黒田氏は、長崎警備があるので十一月に参勤して二月に交代した。

大名行列

参勤交代は幕府に対する軍役《ぐんやく》として、当初は臨戦的な行軍形式を採っていた。しかしやがて形式的なものに変化し、華美に流れるようになった。行列は、格式によって随行者数・諸道具類も厳格に区別されていたが、大体次の通りである。

まず行列の先導役として先払いがおり、先頭には道具役、次いで鉄砲・弓持ちがいて、これらを先道具という。これに先と後との対の挟箱・合羽籠・台笠・立傘などが続く。次には槍持ちがいて、人通りの多い場所では大名の乗物の前か後で槍を投げて受け渡すデモンストレーションをした。大名の前には供頭、両脇には駕籠脇がおり、乗物の簾を開閉する御簾番《みすばん》として近習が控える。乗物を担ぐのは大名家が雇った人足で、御六尺とも呼ぶ。乗物の後方には草履取り、医師・重臣の駕籠、乗換え用の馬などが続いた。

荷物や乗物・駕籠を担ぐ人足は、本来なら宿場の人足を雇い上げるべきであるが、それでは費用が掛かり、雇用する折衝も面倒であった。そこで国元や江戸を出発する際に、専門の業者から目的地まで素通しで働く人足を雇った。その業者は飛脚問屋であり、その人足を通し日雇いと言った。

幕府は大名行列の質素化を命じ、格式に応じた規模を決めていたが、大名家では可能な限りで華美を尽くそうとした。例えば一〇〇万石の加賀藩では、多い時には行列が二五〇〇人に達し、行列全体が一宿を通過するのに三日も要したという。

七三万石の薩摩藩では寛永十二年（一六三五）には一二四〇人の行列であった。一〇万石に加増された津山藩主松平斉孝の「津山入国行列図」には、全体で八〇〇人余の随行者が描かれている。

幕府は享保六年（一七二一）十月、改めて参勤交代の際の従者制限令を出した。それによると、二〇万石以上で四百数十人、一〇万石以上で二百数十人、五万石以上で馬上七騎・足軽六〇人・中間《ちゅうげん》一〇〇人である。もちろんこれらの従者のほかに、通し日雇い人足なども加わる。

大名行列として威儀をただしている場合には、道中で行列に出会った人々は土下座をして通過するのを待った。ただし威儀をただすのは、多くは宿場近くから宿場を出るまでである。野良仕事の最中に遠くで大名行列が見えるからと言って、わざわざ道中まで出向いて土下座をする必要はなかった。

大名行列は道路の真ん中を通ったが、行列同士が行き合う場合には左側通行となり、大名同士は乗物の簾を少し開けて軽く会釈をし合った。

江戸と国元を往復する大名の家臣や庶民の旅人

保永堂版東海道・日本橋　広重

は一般に左側通行であった。地位の高い武士でも、途中で大名行列に会えば土下座をした。しかしそれは屈辱であるので、大名行列に遭遇しそうになると横道にそれて待機することもあった。参勤交代の大名行列でも、途中で将軍名代や勅使に遭遇しそうになると、寺院や横道などに寄って通過を待った。

　幕府による従者制限令は、あまり効果を挙げなかった。しかし現実問題として参勤交代には莫大な費用を要したから、大名はやがてある程度の抑止を迫られるようになった。

　参勤交代に要する費用についてはいくつかの試算があるが、天保二年（一八三一）の紀伊藩では年間総収入金三四万両のうち、江戸～和歌山間の旅費が金一万二九三〇両を占めた。薩摩藩では藩財政の悪化のため、随行者を寛延二年（一七四九）には約九二〇人、明和二年（一七六五）に五〇二人に減らした。

道中費用を削減するために、なるべく行程を急ぎ、一日に一〇里も進むことがあった。「お江戸日本橋七つ立ち」という歌は、参勤交代で国元へ帰る大名の旅立ちを表現したものであるが、七つとは今の時間で午前四時のことである。

大名自身も乗物に乗り続けるのは大変であるから、途中で歩くこともあった。文字通り大名旅行と言っても、それなりの苦労があったのである。

関札を掲げた場所は城内同然

参勤交代の大名は、往復の休泊には本陣を利用するのが規定であった。本陣に、先約の大名がいれば脇本陣を利用することもあった。先約者の出発時間が間近とわかれば、ゆっくり歩いたり、あるいは近くの寺院などに寄って待った。

各大名家は、各宿の一定の本陣と、言わば慣例的に休泊契約をしていた。休泊条件や予約、また接待内容や礼金の折衝の繁雑を避けるためである。

大名行列の一行は、あらかじめ契約している本陣の前へ到着すると、宿泊予定がなくても休憩した。本陣の建物のなかへ入らず、玄関先で休憩することもあった。

大名が通行する際には、先立って各本陣へ休泊の旨を伝達して予約する。次いで家臣が来宿して、藩主が休泊中であることを往来者などへ示す看板の関札《せきふだ》を本陣へ渡し、随行者の分宿先を割り振っておく。本陣休泊の当事者である大名が近くまで到来すると、本陣では幕を張ったりして本陣を飾り付け、宿役人とともに宿場の入口まで出迎えて本陣へ案内し、上段の間へ導いた。

関札は、宿札《やどふだ》とも言う。通常は二枚を渡され、それぞれ本陣前後の目立つ場所に建てた。関札には特に大名家側に思い入れが強く、二川宿本陣の宿帳によればそれが建ててある場所は「御城内も同然」という意識であったことが記してある。本陣でも大切にし、大名の出発後も保管するのが慣例であった。

本陣には大名と重臣が休泊するが、人数は間取りの関係から大体三〇名前後であった。他の随行者の多くは下宿《したやど》と言って旅籠屋、あるいは一般民家などへ分宿した。大名の食事は、途中で必要なものを購入し、従者のなかの料理人が調理するのが普通であるが、本陣で作らせることもあった。家臣や通し日雇い人足が分宿する下宿へは、本陣から酒肴などを届けて機嫌を伺った。

大名家が契約中の本陣へは、国元と江戸を往復する重臣も休泊した。その際には休泊料を出すが、額は必ずしも一定でない。本陣では藩主や重臣が休泊した時には、特別に献上物を差し出し、大名家ではそれを受け取ると本陣へ「被下物」を渡すのが慣例であった。

しかし大名家からみれば「被下物」を渡すのは出費であるので、献上物を断って「被下物」を節約したりした。本陣からみれば低額である休泊料も、財政難に陥った大名家からみれば大きな出費という意識があった。

江戸時代中〜後期になると、休憩料を節約するために本陣の利用を避け、宿外れの宿端茶屋や間《あい》の村《むら》の立場茶屋を利用する大名も出現した。そのことが本陣や旅籠屋の窮状を招いたので、幕府はしばしば大名の茶屋への休泊を禁止した。

参勤交代の功罪と変革

参勤交代制は、大名の改易・転封政策、関所の配置などとともに、幕府の高度な大名統制策であった。それには功罪があるが、ややもすると閉鎖的になりがちな封建社会にあって、文化・情報の交流を促進したことは事実である。

行列の道具のなかには素晴らしい工芸品もあり、本陣では真似して新しく調度品を作ったりした。旅籠屋や一般民家へは従者が分宿するので宿代を支払い、公定賃銭で使用する人馬数は制限されていたので残りは相対《あいたい》賃銭を支払った。こうして日本中での文化的水準はほぼ一律化し、明治以降の中央集権国家の成立の準備として作用し、まためる面では宿財政にも寄与した。

享保七年（一七二二）五月、幕府は諸大名に対し、上げ米令の代償としてそれまで続けてきた在府一年間を半年間に緩和した。この変更は享保十五年まで続き、翌年からまた元に復し、幕末期になって幕府権力が失墜しはじめるまで続いた。

文久二年（一八六二）閏八月、幕府は参勤交代について次のような改革を行った。すなわち大名の参勤は三年に一度、溜《たまり》の間詰・同格以外の大名はおよそ一〇〇日間の江戸滞在とし、人質としての妻子が国元へ帰ることも許可したのである。しかしこの緩和策は、長期的な展望によって実施されたものではなかった。

元治元年（一八六四）になると、幕府は参勤交代の復旧令を出した。しかし多くの大名は、いろいろな口実を並べて従わなかった。また幕府にしても、力関係から判断して、強いて復旧令を実行させることもできず、返ってその権力の弱体化を露呈する結果となった。

特権階級の人々の旅

窮屈な武士の旅

参勤交代は大名旅行と言っても、予定通りに進まなければならない。途中で道筋を変更するにも、予め幕府の許可を必要とした。

旗本や一般の武士も主君に仕える身であり、主君や御家にいつ非常事態がおきるかわからないので、藩命以外の自由気ままな旅はほとんど望めなかった。大旗本は知行《ちぎょう》地を有していたが、江戸やそのほかの地での業務があるので、知行地へ赴くことはほとんどなかった。

大名の家臣の旅は、ほとんどが主君の参勤交代の関連であった。主君に随行する者はもちろん、江戸の藩邸詰めとして参勤交代以外の時期に交替して勤務をすることもあったが、これも参勤交代制度があるための旅である。

藩命であっても、旅に出掛ける場合には所定の上司に許可を得た上で出発し、帰着すると報告が義務づけられた。無断で旅に出た留守中に非常事態が発生すれば、武士の一分《いちぶん》が立たないからである。その意味では、武士からみれば庶民の旅がうらやましかったであろう。

参勤交代の随行をはじめ、公用旅行には領主から旅費が支給されたが、額は十分でないことが多い。軽輩は別にして、身分に応じて供の人数も決められ、それに支給される費用も少ない。

幕府役人が公用で旅をする場合には、朱印・証文によって宿場で無賃の人馬を使用できる。そこで出発に先立って江戸の伝馬役所《てんまやくしょ》へ、いつ、何処の宿場でどのくらいの人馬が必要かを届け出ておく。それが伝馬役所から宿々の問屋へ順達され、宿問屋では領主に届けると同時に、所定の日に人馬数を用意する。領主の方では、通行者の身分格式に応じて使者を出したり、馳走《ちそう》として余分の人馬を出して応接した。こうしたことがあるから、公用役人の旅は途中で寄り道もできず、極めて窮屈なものであった。

大名の家臣の旅でも、人馬が必要な時には各宿の問屋場へ旅行日程を示した先触《さきぶれ》を出しておくことが多い。そうすれば宿場では安価な公定賃銭で人馬を使用できるが、それをしないと高い相対《あいたい》賃銭を支払うことになる。少しでも自分の時間を取り、旅の醍醐味を味わおうとすれば、ツケが大きいのが武士の旅であった。

旅に出る武士は、旅費を節約するために藩で押《おし》切判《きりばん》をした駄賃帳を持っているのが普通である。

宿問屋では、それに応じて人馬を出して賃銭を書き込むから、いつ、何処で、どのくらいの人馬を使用したのかが藩当局に知れてしまう。

ただし武士には、川越や渡船は原則として無賃という特権があった。『東海道中膝栗毛』で弥次郎兵衛・喜多八が、大井川の川会所《かわかいしょ》で武士と従者であると偽ったのはそのためである。

宿場を困らせた二条・大坂城番

武士でも一人や二人の旅であれば、道中で粗暴な行動をとることは少ない。しかし大勢になると、一変して宿場の人々を困らせる集団がいた。

参勤交代に随行する軽輩や通し日雇い人足のなかには、主人・雇用者の権威を借りて自分が持つべき荷物を宿場の人足に持たせ、下宿先では酒をねだったり、「入魂《じっこん》」と称して心付けを強要したりした。

公用旅行者のなかでは、特に二条城と大坂城の警備のために一年交替で勤務した大番《おおばん》が粗暴で宿場の人々を苦しめた。

明暦二年（一六五六）四月、二条城の大番頭は配下の大番組頭に対し、次のような内容の定書を出した。それは、以前から大番のなかに道中で不作法があると聞いているので、今後は道中で押買いを止め、往来の人々や宿問屋・馬指《うまさし》などへがさつな行為をはたらかないように、人馬に規定以上の重量の荷物をつけたり宿賃を踏み倒すことのないように、というものである。大坂城の大番に対しては、翌年にほぼ同内容の定書を出した。いずれも至極当然の内容であるが、それだけ大番の往来には問題があったわけである。

天保十四年（一八四三）四月、二川宿の宿役人は道中奉行の質問に対し、通行する大番の扱い方について次のように答申している。それは、旅籠代については強要されても安くすることは断っている。しかし配膳《はいぜん》についてはほかの旅人より手厚くしないと怒るので、宿場でその費用を補塡するために出費がかさむ、というものである。大番の粗暴は二百年間、ほとんど改められていなかったのである。

主家の権威を借りる人々

二川宿では天保六年（一八三五）六月にも特権階級の人々や家中・雇用人の行動について、過去と現状を詳細に答申している。次にそれを簡単に紹介しておく。

将軍名代・高家《こうけ》・大番・遠国奉行の同勢の通し日雇いは、以前から主人の乗物・駕籠の「片棒払」と言って酒手を取っていたが、幕府の指示により断った。すると今度は片棒分の人足を出すように言ってきたので宿場の人足を出すと、宿人足には後棒を担がせ、前棒を担ぐ大勢の通し日雇いがふざけて後棒の宿人足の邪魔をするので、仕方なくまた酒手を出すようになったという。主人が主人だけに、雇用人もあきれたものである。

鳥取藩と岡山藩の飛脚は権威をふりかざし、それが他藩の飛脚へも波及して、余分の馬を出させている。三度飛脚については、荷物が規定より重いこともあるが、駄賃について馬士と相対《あいたい》で決めているので馬士からの苦情はないという。これでは、大名飛脚が衰え、民間の三度飛脚などに移行するのも当然である。

尾張藩の七里飛脚については、近年廃止されたので問題がないという。もともと尾張藩の飛脚は宿場で博打を開帳するなど、極めて悪質であった。しかしちょうどこの時期は中絶して民間に委任していたので、問題がないと答申したのである。

薩摩藩のすべての通行荷物は、貫目改め所で記録された目方より重い。しかし人馬継立中に掛け合えば混雑するので、見て見ぬふりをせざるを得ない。高松藩の先触《さきぶれ》は、上りは問題がないが、下りは淀・枚方宿の日限を記すだけで先を記さないので困っている。萩・松江藩の家中は権威が強く手荒であるため、対応に苦慮している。

二条・大坂城の大番衆と家中も相変わらず権威が強く、些細なことで怒り出したり、宿所へ宿役人を呼び出すので出費が多いという。ここでも大番の評判はすこぶる悪い。

ほとんどの大名家の長持《ながもち》荷物については、余分の人足を出させられている。例えば、五～六人で担ぐことができる長持でも一〇人を出させ、人数が揃わないと文句を付けて酒代を取る。こうなるともはや、大名行列もタカリに等しい。

二川宿の答申には、このほかにも不当な武士の通行事例を記し、同時に規定を遵守したり礼儀正しい大名家についても実名を挙げている。武士の旅でもそれぞれであり、旅籠銭を払わないで受取書だけを出させたり、人馬を使用しないのに問屋場へ掛け合って駄賃帳へ人馬賃銭を記入することを強要する者もいる。これを「空帳《からちょう》」と言う。

概して言えば、身分の高い者は正規の賃銭を支払っている。しかし低い者には、主人の権威を借りて粗暴な行動が多く見られた。

公家・宮家・例幣使の悪評

公家の旅も、武士と同様に道中では評判が悪い。先の二川宿の答申には、次のようにある。

公家衆と日光例幣使《れいへいし》の通行の時は、荷物の宰《さい》領《りょう》が「入魂」を要求するので、宿・助郷のなかから下役を順番に選んで挨拶させ、時に無賃の宿駕籠を出させられることもある。宿場で「入魂」を出すのは、道中で人足が怪我《けが》をすると大袈裟《おおげさ》なことを言い、宿場を混雑させるからであるという。

知恩院宮が天保六年（一八三五）に通行した時には、証文通りに用意しておいた人足を不要と言い、その代わりに「代銭」を出せと要求してきた。宿場としては、呼び入れておいた人足が無駄になるだけでなく、「代銭」まで取られた。しかもこれに加え、無賃の宿駕籠を出させられ、さらに「入魂」も取られたという。

本陣の休泊料を値切ったり、時に何も支払わない公家・門主《もんしゅ》もいた。二川宿の本陣宿帳には、そうした事例が細大漏らさずに記録してある。

例えば、日野中納言は文政三年（一八二〇）二月に小休料を全く支払わないで本陣を利用した。文政十年二月には地下衆《じげしゅう》の青木内蔵小允が小休料を支払わず、代わりに二枚の墨絵をおいて出発した。同年四月には、日光例幣使の岩倉宰相中将が小休料の代わりに短冊と色紙をおいて出発してしまった。天保九年（一八三八）三月には、西本願寺門主は他宿の本陣では二〇〇疋を出しているのに、二川宿の本陣を利用した際には一〇〇疋を出しただけであった。

本陣を利用する当事者は知らなくても、各宿の本陣同士は相互に情報網があって、誰が、何処で、どの程度の休泊料を出したのかは先刻承知であったのである。西本願寺門主は、二川宿の本陣の手入れが行き届いていないので小休料を値切ったのであろう。しかし逆にプライドを傷つけられた二川宿の本陣は、宿帳に「誠ニつまらぬ御小休」と記録している。

こうした公家衆・門主等のなかで、最も評判の悪かったのが日光例幣使である。日光例幣使は正保四年（一六四七）から毎年、朝廷より家康の忌日に日光東照宮へ派遣され、往路は中山道、復路は東海道を利用した。東海道での悪事は前述した程度であるが、中山道では出色であった。

どの程度であったかと言うと、道中で「入魂」を要求し、出さないと駕籠を揺すり、自ら駕籠から落ちてその責任を問う。沿道の人々へは、一四～五粒の御供米を御守りと言って配り、代金を要求する。本陣へは、休泊料の代わりに短冊や色紙を出すだけというのは二川宿でもその事例があった。さらに、なかにはいかがわしい雷除け・災難除けの御守りや箸・菓子などを与え、宿泊料代わりにしてしまうこともあった。

例幣使をはじめとする公家衆の旅は、武士やその雇用人のように粗暴ではないが、陰湿さでは武士に劣らない。いずれも朝廷や幕府、あるいは宗教の権威を借りた行為であった。

しかし江戸時代の庶民は、日常的に朝廷を意識することが少ない。したがってこうした行為は、逆に将軍とは別に、京都に朝廷というもう一つの権威があることを沿道の庶民に印象付ける結果ともなった。

朝鮮・琉球使節の通行

特権階級と言えるかどうかはわからないが、外国人も東海道を通った。この時代は幕府の外交政策によって朝鮮・琉球とだけ国交をもち、この両国に加えオランダ・中国とだけ交易を行っていた。これを鎖国と言い、善悪は別にして甚だ非国際的な時代であったと言われている。

そうしたなかで、朝鮮・琉球からは将軍の代替わりごとに大人数の使者が派遣され、東海道筋には応接のために大動員がかかった。特に朝鮮使節の一行は毎回四百数十人前後にのぼり、それに対馬藩の護衛を入れると膨大な人数になった。

江戸幕府との関係で朝鮮使節が来日したのは一二回である。二回目の元和三年（一六一七）は伏見での聘礼《へいれい》、最後の文化八年（一八一一）は対馬での易地聘礼であるから、東海道を往復したのは一〇回である。

朝鮮使節は漢陽（ソウル）から釜山へ出て乗船し、対馬・壱岐などを経由して瀬戸内海を通って大坂・淀宿に至り、その後は陸路で江戸に向かう。途中、草津宿から中山道へ入り、近江国野洲宿より鳥居本宿までは中山道と平行するいわゆる朝鮮人街道を利用し、大垣宿から美濃路を経て熱田宿に出て、再び東海道を利用した。帰路は、朝鮮国内を除けば大体往路と同じ道筋である。

朝鮮使節の日本滞在は二カ月程度であるが、日本側は準備と後片付けに四年前後も費やした。準備では、道中での膨大な人馬数や食料品の確保などに努めた。今切《いまぎれ》の渡船場では三河・遠江国内から多数の船を寄せ船として集めた。天竜川・富士川・酒匂川の渡船場では、臨時に船橋を架けるために寄せ船を調達した。沿道には宿場だけでなく、いろいろな場所へ雪隠《せっちん》や水屋・茶屋などを設置した。それらの費用は、結局は東海道が通る国々の国役として、村々が負担した。

幕府が諸大名を通じて馳走役を課し、使節の通行のために臨時の諸施設を作ったから、庶民は通行を否応なしに一大行事として認識した。宿場には使節の通行を見物するための桟敷席《さじきせき》まで設えられた。停滞気味の江戸時代の経済も、この時前後には莫大な貨幣が動き、まさに朝鮮使節特需のような様相をみせた。

明和元年（一七六四）の朝鮮使節は、大井川の川止めのために二月七～八日を掛川宿で滞留し、九日に大井川を渡って藤枝宿に泊まった。この間、遠方の村々からも多数の人々が掛川宿や大井川へ使節の通行を見物に出掛けている。道中では随員と日本の学者・文人との交歓が行われた。

琉球人を外国人と言うのは語弊があるが、幕府が琉球国を属国扱いにしていたことは事実である。琉球使節の通行は朝鮮使節より小規模であるが、それでも七〇～一〇〇人程度で、先導する薩摩藩の一行を加えると膨大な人数になった。

琉球使節の一行は、東海道では琉球楽を奏でながら練り歩き、異国情緒を醸し出した。三味線の普及などは、琉球使節の影響である。

ヨーロッパ人の通行

十六世紀後半以降のヨーロッパ人の来航は、善悪の別なく、さまざまな異文化を日本へもたらし、また日本からも持ち出した。しかし江戸時代になると次第に統制が進み、キリスト教を中心とする西洋文化との接触が遮断された。

こうした日本の鎖国政策のなかで、オランダ人は特別に通商権を得た代償に、毎年江戸へ参府して献上物と西洋事情を幕府へもたらした。その一行は、カピタンと従属する書記・助役・医師等の数人であったが、随行の料理人等を加えると一五〇人前後になった。東海道筋の宿場では、日本の医師や患者等が蘭医《らんい》から医学を学び、治療を受け、さらに科学一般から海外事情などの新知識を啓蒙された。

カピタンの一行には、オランダ人以外が含まれていることもあった。ドイツの博物学者であるケンペルは、元禄三年（一六九〇）に来日して東海道を往復し、帰国してから『日本誌』を著し、当時の日本事情を西洋に紹介した。『日本誌』の記載内容は、比較的日本を好意的にみて高く評価しており、以降のヨーロッパ人に長く決定的な日本観を植え付けた。百数十年後に著されたマルクスの『資本論』も、日本に関する記述はこの『日本誌』に依拠している。

文政六年（一八二三）に来日した同じドイツ人のシーボルトが、日本の洋学の発展に多大な影響を与えたことはよく知られている。逆に日本の浮世絵が彼らによって西洋にもたらされ、ヨーロッパの画壇に影響を与えたことも事実である。

このように東海道には、日本人だけでなく、さまざまな人が通り、異文化が行き交った。封建社会、あるいは鎖国体制という封鎖的な時代にあって、東海道は人や物の移動だけでなく、情報の源泉でもあったのである。

幕末の開港の際、再び西洋の異文化が大量に入って幕府役人等は困惑したが、庶民は意外に冷静であった。鎖国時代を通じ、完全とは言えないまでも、東海道交通を通じて西洋文化のミニテュアを体験していたことにも要因がある。

御茶壺・備後表・会符荷物

特権を有するのは人だけでなく、一部の動物や物資にもあった。特に将軍への献上品については、無賃の朱印伝馬《しゅいんてんま》の利用だけでなく、対応についても最大限に優遇された。

道中で最も権威を誇ったのは、童謡「ズイズイズッコロバシ」にも唄われた将軍献上用の御茶壺《おちゃつぼ》である。毎年、将軍家の茶道頭が御茶壺を宇治へ持ち運んで御茶を詰め、将軍家用三個のほかに三～四個を江戸へ持ち帰った。一時期、持ち帰りの御茶を山城国愛宕山や甲斐国谷村《やむら》で格納したこともあるが、元文二年（一七三七）からは往復ともに東海道を利用するようになった。

御茶壺道中に際しては御茶壺に先払いを付け、宿々では宿役人一同が宿端まで送迎した。休憩の時には戸障子や梯子《はしご》などの上に清い筵《むしろ》を敷いて置き、泊まりの時には宿問屋が預かり証文を出して不寝の番をした。小田原藩などでは御茶壺を城内へ招き、城主自らが出頭して預かった。

延享五年（一七四八）に幕府が提示した御茶壺道中の取扱い方をみると、城下で泊まる時には城の表門前か御用屋敷に入れて城代・番頭格の者が出頭し、一般の宿場に泊まる時には出火や出水に備えて避け道や渡船を用意しておくこととある。宿々では多くの人足を出すだけでなく、付き添いの茶道頭や警備の番士などの横暴にも苦しんだ。

備後国の特産である畳表も、将軍献上用（献上表）と幕府買い上げ用（御用表）については、御茶壺と同様に朱印伝馬を利用した。広島藩では畳表は専売で、商用表以外を献上表と御用表にして毎年江戸へ送った。幕府は正保四年（一六四七）から御用表座を設け、買い上げに当たらせた。

宿々では、幕府・公家・大社寺などの荷物については無賃、あるいは低廉な公定賃銭で継ぎ立てた。荷物輸送に際しては、それとわかるように荷物の上に将軍家のものなら葵の紋、あるいは諸家のものであればそれぞれの定紋の下に家名・藩名などを記した木札を立てた。これを会符《えふ》と言い、荷物を会符荷物と言う。

三都や城下町の輸送業者は、諸大名から会符を預かって荷物輸送を請け負った。しかし会符を悪用し、一般の商人荷物に付けて宿場の人馬を無賃や公定賃銭で使って輸送する業者もいた。万治三年（一六六〇）十一月、道中奉行は各宿に対し、一般荷物に葵の紋を立てることや、町人荷物に国持大名の偽札を付けさせないように命じている。

しかしこうした不正な会符使用は止まず、しばしば禁令が出された。輸送業者のなかには、手筋を頼って宮・門跡《もんぜき》・堂上《とうしょう》方やそのほかの家柄の会符を借りて輸送する者がいたのである。同時に、本物の会符荷物の輸送でも、その宰領《さいりょう》が荷主の権威を借りて道中で横暴な行為をはたらいたので、宿々では難儀した。

庶民の旅の発達

往来手形は身分証明書

戦国時代以前には、庶民は支配者へ納めるべきものを納めれば、自由に旅立つことができた。しかし見知らぬ土地へ一歩踏み出せば、極めて治安が悪いのが現実であった。それに対し、江戸時代は領主が領内の生産力を確保するため、村人を極力外部へ出さない政策を採ったと言われている。

一面ではそのようにもみえるが、だからと言って江戸時代に庶民の移動がまったく禁止されていたわけではない。領主が最も恐れたのは、領民が逃散《ちょうさん》や欠落《かけおち》などによって領内から姿を消すことであった。

宿場町や城下町は、以前からの住民に加えて領主が誘引した人々を定住させて成立したのであり、すでにそこには移住というものが存在した。年貢の納入が不可能であれば、他所から前借りをして納め、返すために奉公に出掛けることは当たり前であった。農家の次・三男はもちろん、娘であっても、暮らしのために出稼ぎをすることは禁止されていないのである。

　要は、戻ってくることが明白であり、領主、あるいはそれに代わる者の許可を得るという条件を満たせば、一定期間の移動は問題がなかったのである。慶安二年（一六四九）に公布されたという慶安の御触書でも「物まいり遊山《ゆさん》すきする女房とは離別すべし」とあり、度を過ぎた旅の盛況を戒める程度であった。

　旅の目的はさまざまであるが、慶安の御触書にもあるように、多くは参詣を兼ねた遊楽であり、また主体が遊楽でありながら一応は参詣もするというものであった。

　旅立ちに先立ち、身分証明書として往来《おうらい》手形《てがた》の取得が必要である。発行者は、百姓・町人であれば名主や旦那寺、または雇用主であり、武士であれば所定の役人である。

　往来手形には住所と旦那寺、年齢、旅の目的が記してあり、さらに旅の途中で死亡した場合の葬り方や在所への通報方法なども記されているものが多い。男性の場合、制度的には関所通行に手形を必要としなかったが、関所での詰問が厳しかったので、関所手形を取得して出掛ける人もいた。しかし往来手形を持参していれば、比較的簡単に関所を通ることができた。往来手形を持たない、要するに主人の許可を得ない参詣の旅を抜け参りと言った。江戸時代中期以降になると、男女を問わずこの抜け参りが多くなるが、これについては後述する。

　女性が旅へ出る場合、途中に関所があれば、往来手形に加えて女手形が必要であった。長期の奉公に出るには、一旦、戸籍簿である宗門人別帳から外して宗門《しゅうもん》送りをし、奉公先へは奉公人請状《うけじょう》を提出した。

庶民の旅を発達させた要因

十七世紀後半以降になると、庶民の旅は次第に盛況をみせだした。これ以前にも旅をする庶民はいたが、数が少なかった。

江戸時代の庶民の旅の特徴は、仕事や信仰目的のほかに、物見・遊山が増加したことである。旅を通じて庶民はさまざまな異文化を体験し、情報を入手した。

ただし庶民が安心して快適な旅をするには、克服されなければならない多くの問題があった。まず庶民にある程度の時間的・金銭的な余裕が必要である。治安が安定し、旅行施設が整備されていることも条件であった。全国で信用される統一貨幣の流通も、旅の発達には欠かせない。

その点、江戸時代は兵農分離の貫徹により、前代に比して格段に治安がよくなった。幕藩領主の陸上交通政策により街道が整備され、休泊施設も整った。宿場には人足や馬が常備され、賃銭さえ払えば誰でも利用できた。十七世紀後半以降になると生産力が発達して、庶民のなかには生活にある程度のゆとりをもつ人々も現れた。

もっとも休泊施設や人馬を利用するには、全国で通用する貨幣が必要である。いわゆる慶長金銀は慶長六年（一六〇一）以降に発行されたが、庶民が入手する機会はほとんどなかった。この時期、庶民の多くは絶対量が少なくてしかも信用度の薄い鐚銭《びたせん》や永楽銭を使用するか、あるいは実際に米や加工品を携行して旅をする以外になかった。これでは何かと不便である。

しかし寛永十三年（一六三六）から寛永通宝《かんえいつうほう》が大量に発行されて庶民に出回り、旅先ではもっぱら寛永通宝が使用されるようになった。これ以降、幕府は新貨幣を発行すると、宿場の助成金として配分したりして流通に努めた。もっとも寛永通宝は四文銭と一文銭という少額貨幣であったので、大量に持ち歩く必要があり、旅に携帯する貨幣としては十分でなかった。

旅との関連で言えば、貨幣問題を一挙に解決したのが、元禄八年(一六九五)から鋳造がはじまった元禄金銀の発行である。元禄金銀は諸物価高騰《こうとう》の原因となり、また鋳造にからむ贈賄問題も発したが、大量に発行されたので庶民でも比較的容易に入手することができた。

旅の発達には、こうした言わばハード面の整備とともに、旅心をかき立てるソフト面の充実も重要である。その意味では、各種の街道絵図や旅行案内書・道中記、あるいは地図類の出版が、さらに庶民の旅を促した。言わば、机上での「読む旅、見る旅」から旅心を誘い、実際の旅立ちに結び付いたのである。

東海道ブーム

屏風《びょうぶ》仕立ての立派な街道絵図は、十七世紀前半から領主層が所有していた。しかし庶民が利用する旅行案内書としては、豪華さやくどい説明のあるものより、携帯の便宜上から実用的な小型サイズが重宝された。各種の道中記や名所記・地図類がそれである。

道中記は明暦元年(一六五五)刊行のものが最古で、それからはさまざまな種類のものが刊行された。万治元年(一六五八)に浅井了意が著した『東海道名所記』は、従前にない独特な表現で宿場間の距離と駄賃・風俗・世態人情を活写して読者の旅心を誘った。

地図としては、石川流宣が貞享四年(一六八七)に著した「本朝図鑑綱目」や、元禄四年(一六九一)版行の「日本海山潮陸図」が地誌的要素を多く含み、流宣図と呼ばれ、やがてこれに改良が加えられて需要の大半を占めるようになった。江戸時代の地図は、見れば何かと楽しいのが特徴である。

元禄三年（一六九〇）には遠近《おちこち》道印が「東海道分間絵図」を仕上げ、それに石川流宣の師匠であり浮世絵のパイオニアでもある菱川師宣が楽しい挿絵を描き、全五冊の折本仕立てにした。これは極めて精度も芸術性も高い道中図であるが、持ち歩くには不便で、あくまでも机上の旅の楽しみに供されるものであった。

こうして十七世紀後半、特に元禄期になると旅が発達する条件がそろい、多くの人々が東海道を行き来するようになった。この時期は、言わば第一次東海道ブームであった。

十八世紀になると、多種多様な旅行用の地図や道中記が出版された。道印・師宣による「東海道分間絵図」は、宝暦二年（一七五二）に縮刷版ができて旅に持ち歩くことができるようになり、それからも何度か版を重ねた。

その後、安永九年（一七八〇）に秋里籬島が『都名所図会』を著してベストセラーになり、続いて各種の名所図会シリーズが出版されて庶民の旅心を一層駆り立てた。特に寛政九年（一七九七）に出版された『東海道名所図会』は、写生風の挿絵を入れながら宿場の現況や歴史・伝承を紹介して歓迎された。

さらに享和二年（一八〇二）からは十返舎一九が『東海道中膝栗毛』を著しはじめて、東海道の旅に関する興味を誘った。文化七年（一八一〇）には、八隅蘆菴が道中記を兼ねた『旅行用心集』という書物を著した。これには道中で用心すべきことが六一カ条で記してあり、挿絵も的確で、旅の心得書としては出色であった。

こうして十九世紀前半には、元禄期前後の第一次に続き、庶民の間には第二次東海道ブームとも言える状況が醸成された。天保三年（一八三二）

に保永堂から出版された歌川（安藤）広重の「東海道五拾三次」は、この東海道ブームに乗じたものであったと言える。

安心を売る浪花講

庶民の旅の隆盛を支えたのは、各種の講《こう》であった。道中の旅籠屋を組織した講としては浪花《なにわ》講が有名であるが、旅に関する講はそれ以外にも各地にあった。

講とは、もともと仏典などを講ずる集会を意味したが、やがて社寺へ参詣したり、社寺へ奉加寄進をする団体をも指すようになった。さらには頼《たの》母子《もしこう》講のように金銭融通の互助組織や、いろいろな組合的な団体も講と称するようになった。

江戸時代に村々でつくった伊勢講や富士・秋葉講などは、その構成員が金銭を出し合い、籤《くじ》などで順番にその代表者を選んで参詣の旅に出す組織であった。それを代参《だいさん》という。次の講会には先の代参者が籤から外れるので、構成員はいつかは代参に行くことができる仕組みである。

こうして一時に大金を出さなくても、講で旅費を少しずつ積み立てておくことにより、一生に一～二回程度は大きな旅ができたのである。講は信頼関係で成り立っており、旅を発達させた要因であった。

ただし旅に出ると、旅籠屋で強引に飯盛女《めしもりおんな》を仕向けられたり、頼みもしない余分な料理が出て、多分の料金を請求される心配があった。また旅籠屋では、事件を心配して一人旅、特に女性の一人旅の宿泊を拒む傾向にあった。幕府は、一人旅であっても一夜だけは宿泊させるようにと令したが、泊める側が心配するのも仕方がなかった。

そこでこうした心配を除去するために、安全な旅籠屋の組合のようなものが組織された。それは、文化元年（一八〇四）に大坂玉造で綿打ち用の唐弓の弦を商っていた松屋甚四郎の手代の源助が組織した浪花組、後の浪花講である。

源助は、行商のために各地を旅行した。その際、どこでも一人旅のために歓迎されず、飯盛女を押し付けられることも多かった。そこで主人の松屋を講元にし、全国の主要街道の安全な旅籠屋を組織して浪花組と名付け、加盟者には目印の看板を掲げさせ、利用者には鑑札を渡した。この浪花組は、天保十二年（一八四一）に浪花講と改称した。旅人にとっては、自らが浪花講に加入しなくても、旅籠屋の看板によって安全性を見分けることができるようになった。

もっとも安全な旅籠屋の組合は、浪花組が最初というわけではない。これより先、伊勢講などでは信徒を相手に、道中記などで安全な旅籠屋を紹介していた。浪花組は、それを参考にして一般旅人用に組織を拡大したのである。

浪花組ができてからは、天保元年に大坂を講元にして京都・江戸を世話方とした三都講が発足した。さらに安政二年（一八五五）には江戸を中心とする東《あずま》講ができるなど、類似の講が各地に生まれた。

庶民の旅の実相

参詣・湯治に便乗した旅

幕藩領主は領民の旅を全面的に禁止していたわけではないが、無用の移動を極力規制していたことは事実である。ただし厳しく規制できない旅もあった。社寺参詣を目的とした旅と湯治のための旅である。

宗教行為である社寺参詣を厳しく制限すれば、民心が離れてしまう恐れがある。そこで単なる遊楽の旅は規制しても、参詣については大目にみたのである。

参詣地で最も多かったのは、伊勢神宮である。

単に神宮とも言い、そこへの参詣も単に参宮と言った。庶民の間には、中世を通じて神宮は国家の最高神という意識が芽生え、江戸時代にはさらに徹底した。

神宮以外の大社寺でも、御師《おし》などを使って参詣者の拡大に努めた。これらの大社寺の多くは、もともと景観的に立派な建物や美的な仏像を安置している。庶民の側では純粋な宗教意識から離れ、その拝観事態が旅の目的になる場合も多かった。

社会生活のなかでも、参詣を一種の義務化する風潮があった。新城常三著『庶民と旅の歴史』によれば、関東地方では西国巡礼を済ませた者を村の寄合で上席にしており、出羽国庄内地方では伊勢参宮を済ませた者と済ませない者では寄合の席での食事の箸《はし》を異にしたという。浄土真宗の盛んな越後国頸城地方では、東本願寺への参詣のために毎日少しずつ貯蓄をし、それをしない者は村八分にあったという。通過儀礼として、特に若者になると特定の社寺や霊山に参る風習は各地にあった。

単なる遊楽の旅は許可されないが、参詣の旅であれば見逃される。そういうことで庶民は参詣の名目を借りて旅立ち、ついでに各地の観光地を歩き回ったのである。有名な古川柳に「伊勢参り大神宮へもちょっと寄り」というものがあり、当時の庶民の旅の実態をよくあらわしている。

もちろん純粋に信仰を目的とした旅もあった。江戸時代の人々は、少なくとも現代人よりは信仰心が厚かった。しかし多くの人々には、参詣による神仏の恵みとして、ついでに遊楽の旅にも授かるという意識があったのも事実である。

温泉への旅も、領主の規制が比較的緩やかであった。入湯《にゅうとう》は医療でもあり、医療行為を禁止すれば、やはり民心を失うと判断したからである。温泉の旅は古代より貴族の間で行われていたが、江戸時代になると各階層に広まった。

有名な温泉としては、西国では摂津国有馬・伊勢国菰野・但馬国城崎、東国では上野国草津・相模国塔ノ沢・伊豆国熱海などがある。これらへは全国各地から湯治客が訪れた。

また各地に新しい温泉も開かれた。獲り入れなどの農繁期が過ぎると、骨休みと称して鍋釜を持ち、近場の温泉へ湯治に出掛ける農民が増加したのである。

湯治にかこつけて、遊楽の旅に発展することもあった。ただしその旅は、社寺参詣に付随した長期間の遊楽の旅に比較すれば、大体が近距離で短期間であることが多い。

旅の持ち物

旅に出掛ける場合には、一定の準備をするのが普通である。なかにはお陰参りの集団につられ、何の準備もなく、ふっと出掛ける人もいたが、あくまでも特例である。

江戸時代は旅が普及したと言っても、一般には一生のうちで長旅を経験する機会はそれほど多くない。したがって旅立ちは周囲の人々の大きな関心事でもあり、餞別《せんべつ》を送ったり、酒宴の席を設けたりした。

『東海道中膝栗毛』の弥次郎兵衛と喜多八は、江戸八丁堀辺りでそれぞれ一人住まいと居候《いそうろう》をしていたという想定である。それでも旅立ちに当たっては、旦那寺へ少しの米銭を寄進して往来手形を書いてもらい、大家へは借金を済ませて関所手形を書いてもらい、いくらかでも金になりそうなものは古道具屋へ売って旅費に替えている。

一般の人では、弥次・喜多のように簡単にはいかない。ただし旅の所持品は可能な限り少なく、コンパクトにまとめた方がよいのは現在と変わらない。まして、行程の大部分を徒歩による江戸時代の旅人にとっては、なおさらである。

前述した『旅行用心集』には、旅の所持品につ

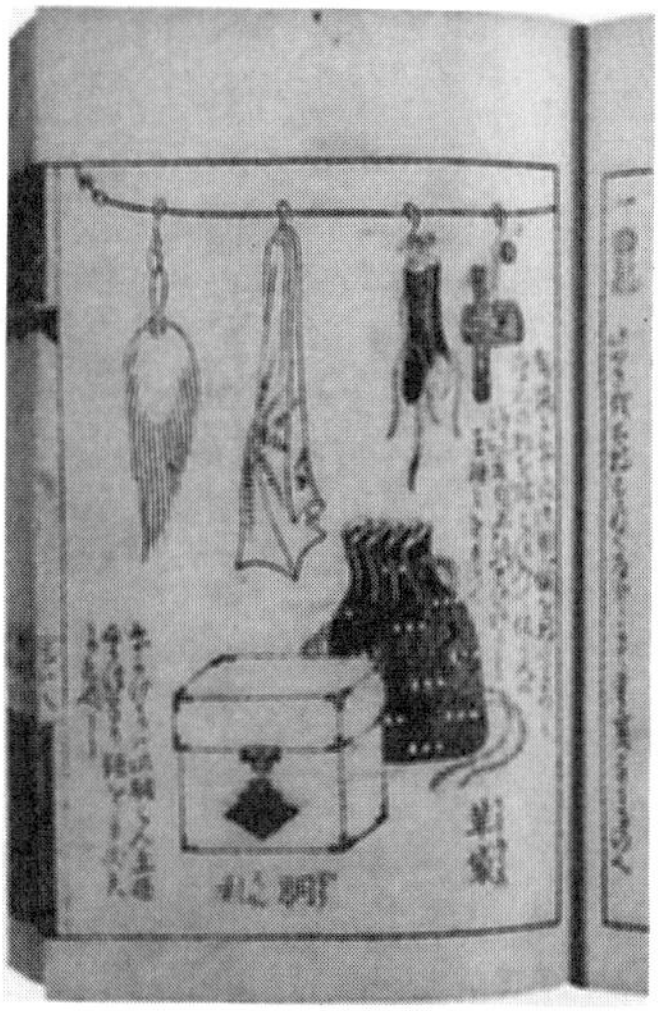
旅の所持品『旅行用心集』

いて、矢立・扇子・糸針・懐中鏡・日記手帳・櫛・鬢付油《びんつけあぶら》・提灯・蠟燭《ろうそく》・火打道具・懐中付木・麻綱・印板・鉤《かぎ》の一四品目を挙げ、若干の補注を記している。すなわち鬢付油に関しては、道中に髪結いはいるが、関所や城下を通る時に髪の乱れを直すためのもので、剃刀は宿屋で借りることとある。懐中付木に関しては、旅籠屋の行灯《あんどん》は消え安く、不意なことに備えるためで、タバコを吸わない人も持参した方がよいという。麻綱は宿屋で荷物をまとめておくのに便利であり、鉤は同じく荷物を吊るすのに重宝であるという。印板に関しては、印鑑は家に残しておくべきで、持参の印板により旅先で送る手紙と引き合わせたり、金銀為替などにも印を用いるための用意であると記す。

　このほかにも必需品はある。まず弥次・喜多でも用意した往来・関所手形と巾着《きんちゃく》である。各種の薬や護身用の道中差、雨と日差しを防止する菅笠や合羽、手足を痛めないための手甲・脚絆《きゃはん》・足袋・草鞋、手拭や鼻紙、できれば長旅であるから少しは着替え類も持った方がよいであろう。それに、これらを入れる行李《こうり》二つを用意し、紐で繋いで振《ふり》分《わけ》荷物《にもつ》にする必要がある。氏神様の御守りもぜひ携帯したい。

　旅中の案内書として道中記は欲しい。懐中に入れておく巾着とは別に、小銭入れとして早道《はやみち》も必要であろう。小物入れとして胴乱も持ちたい。枕が変わると眠りづらいから、折りたたみ式の旅枕も持った方がよいかも知れない。イヤハヤ、このようなことを心配する筆者は、とても旅上手とは言われないであろう。

旅立ちの季節

旅支度はできた。いよいよ出発である。仕事や訴訟などのための旅であれば、出発の日時を考慮することもできないかも知れない。しかし物見・遊山の旅であれば、時間的なゆとりのある季節が最優先される。

江戸時代の一〇〇人の旅日記を紹介した大田区立博物館の特別展図録『弥次さん喜多さん旅をする』によれば、出発時期は次の通りである。

正月五四例　二月　七例　三月　四例
四月　四例　五月　四例　六月　六例
七月　三例　八月　二例　九月　〇例
十月　一例　十一月　二例　十二月一四例

これを見る限り、圧倒的に正月が多い。前後の十二月・二月を含めると、実に四分の三がこの季節に集中している。

農民にとっては、農閑期に旅立つというのが常識であった。そしてできれば、徐々に暖かな日差しが注ぐ時期がよかった。芭蕉の句に、「春めくや人それぞれの伊勢参り」というものがある。

こうした季節のなかでも、吉日を選んで出発したいと思うのが人の常である。しかし『旅行用心集』では、旅立ち日の吉凶について「定めえし旅たつ日とり吉悪ハ　思ひ立日を吉日とせむ」という歌を紹介するだけでつれない。

とにかく思い立った日を吉日としようというのである。ただし同書では旅立つ人を送る歌として「庭中のあすはの神に小柴さし　あわれ祝む　帰りくるまで」という『万葉集』の古歌も併記している。意味は、庭に祀る阿須波《あすは》という旅の神様に小柴をさして祈り、あなたが帰ってくるまで私は身を清く保ち待っています、というものである。

家のことは心配せず行ってらっしゃい、と送り出しているのである。

出発に際しては、身近な人は最低限でも村境まで一緒に同行して見送った。峠や川、あるいは最初の宿場までというように、何かの節目の場所まで見送るのが普通であった。

伊勢参宮から京・高野山へ

旅の目的地はさまざまであるが、旅中に社寺参詣が含まれる場合が多いことは前述した。田植え後に近くの温泉や社寺へ出向くのも旅であるし、嫁ぎ先からしばらく実家へ帰るのも旅と言えなくもない。

ただし全国の人々が多く訪れる参詣地や観光地となると、それほど多くはない。なかで最も多いのが伊勢参宮であることも前述した。すでに十七世紀前半には参宮は全国的な傾向になり、十七世紀後半から十八世紀前半に最盛期を迎えた。


享保三年（一七一八）四月に伊勢山田奉行が幕府へ提出した報告書によると、同年正月から四月十五日までの三カ月半の間の参宮者の人数は、四二万七五〇〇人であったという。前述したように正月中の参宮が極端に多いと考えられるから、この年の一年間の参宮者の数は五〇万人前後であったと推測される。もっとも同年は特に参宮が流行しており、通常はこれより少なかった。

十八世紀後半以降になると、お陰参りやそれに類似した現象を呈した年以外には、参宮者の数は停滞、もしくは減少した。外宮の禰宜《ねぎ》足代弘訓の記録によれば、十九世紀前半から半ば頃には多い年で四〇万人、少ない年で二〇万人という。

この傾向は、庶民の旅が衰退したからではない。神宮以外の参詣・観光地が増え、選択肢が多くなったからである。

東国の人々の多くは、参宮のついでに京都・大和や大坂、あるいは高野山などを回った。京都・

大和地方は景勝地が多く、大社寺の伽藍《がらん》が美しくて文化財も多いから、日本人の心の故郷として、古くからあらゆる人々が憧れていた。また京都の数々の祭や伝統文化、大坂での演劇を代表とする庶民文化には目を見張るものがあり、見物するために長く滞在する人もいた。しかも次第に娯楽の旅の方が主流を占め、参宮はそのついでという風潮が高まった。

畿内とその近国地方では、神宮に次いで高野山への参詣者が多かった。高野山は、納骨霊場として知られており、寺側でも留身入定説、すなわち弘法大師が生きたまま成仏しているから参詣すれば大師に会うことができるという説を唱えて宣伝した。こうして多くの人々は、神宮で現世の利益《りやく》を祈った後、高野山へ登山して来世の浄土を祈願したのである。

時間的・金銭的にゆとりのある人は、さらに足を延ばして四国へ渡って金毘羅宮を参拝したり、道後温泉で遊び、また安芸国宮島や周防国の錦帯橋などまで旅をした。しかもこうした名勝・旧跡を巡る旅の多くは、往復には別の道筋を通った。例えば江戸の人が畿内を旅する場合、往路が東海道なら、復路は中山道経由で善光寺を参詣するか、もしくは同じ東海道でも迂回して鳳来寺・秋葉山を参詣するのが一般的であった。

天竜川東岸に近い遠江国匂坂中之郷の名主藤十は、安政五年（一八五八）二月二十八日から三月二十七日まで近畿・四国・西国方面へ旅をした。その際、天竜川を渡って本坂通に迂回してから、帰路で天竜川に近づくまでの間、一度も同じ道を踏んでいない。中期以降には、こうした周遊旅行が流行したのである。

江戸は地域的観光地

畿内へは全国から旅人が集まったが、江戸時代に急成長して世界最大の都市となった江戸への遊楽の旅は比較的少なかった。江戸は幕府の所在地であり、そこの社寺にも多くの参詣者が集まったが、大部分は江戸の住民であった。

庶民が江戸へ旅するのは、商用かそれに類似する目的、あるいは幕府への訴願や裁判のための旅が多かった。東北地方の人々が畿内へ旅する際には江戸を通るが、遊楽のために長く逗留することは少なかった。

ただし江戸町人は周辺に参詣地を作り、そこへの参詣ついでに遊楽の旅をした。特に著名なものとしては、大山・江ノ島・鎌倉・成田詣でがある。

相模国大山の阿夫利山神社は、もともと農業の神で雨降り神社と呼ばれたが、江戸町人の参詣が多くなると雨降りでは都合が悪いので、名を変えて阿夫利神社とした。登山者は江戸の回向院の橋の下で禊《みそぎ》をし、往路は甲州道中の内藤新宿を経て追分から大山街道を南下した。そして復路は東海道へ出て、江ノ島・鎌倉詣でをし、ついでに金沢八景などを見物したりした。

不動尊で名高い成田山新勝寺への参詣も、二～三泊の旅として盛んであった。成田山では元禄十六年（一七〇三）以降、しばしば江戸で出開《でかい》帳《ちょう》を行って宣伝に努めた。成田近郷出身の初代市川団十郎をはじめとする成田屋による「不動明王霊験記」の上演も、成田詣での流行を煽った。

このほか坂東三十三カ所・秩父三十四カ所の霊場巡りをはじめ、江戸周辺には多くの参詣地が生まれ、参詣に付随して遊楽の旅も行われた。ただしこれらの参詣はあくまでも江戸町人が主体で、畿内の大社寺のように全国各地から訪れることは少なかった。長期の旅という面からみれば、江戸は旅人を出す地であり、受け入れる地ではなかったと言えよう。

旅の費用

旅に出て、先立つものは金銭である。一銭も持たず、沿道の人々の無心《むしん》により旅を続ける巡礼などの旅人がいないわけではないが、一般的には旅費が必要である。旅費は、物価の変動、旅の仕方や目的・行き先、旅をする人の身分や貧富の差、購入する土産の多少などによって異なった。

正徳元年（一七一一）五月に道中奉行が各宿場に掲示した高札には、木賃《きちん》は一泊につき主人と馬が銭三五文、召使が一七文とある。言わば、この時期の特権旅行者に関する最低宿泊費で、しかも食べ物を持参しての価格である。庶民の旅ではこうはいかないし、またこのように費用を極端に切り詰めた旅ではつまらない。

出羽国寒河江《さがえ》楯南《たてなみ》村の名主の次男に我孫子周蔵という人物がいた。周蔵は三〇歳の明和八年（一七七一）三月八日、弟の千長らとともに旅立ち、京都・大坂・高野山・奈良・伊勢などを回って、八月一日に帰った。

旅立ちに当たり、兄の久右衛門は先年自分が参宮をした経験に基づき、周蔵に対して旅費の見積りと旅中の禁止事項を示した。それによると、旅の期間を一〇〇日と想定し、費用は一日平均にすると木賃米代が銭七〇文、草鞋代が一足で六文、船・橋梁の渡し賃が二〇文、茶屋代が一四文、小遣いとして三〇文、計銭一四〇文となる。計算は合わないが、これを一〇〇日分であるから銭一〇貫三〇〇文（金二両二分）と見積っている。

もっとも我孫子家は資産家である。これとは別に兄の久右衛門は周蔵に対し、道中で一大事が発生した時の備金として金一両、神宮・高野山の初穂料として一両、旅先の三ケ野での見物・飲み食い代として一両、周蔵に旅先で購入を依頼した算盤・琴糸・唐木綿代として計二両一分、そして周蔵の道中での小買い物代として二分、さらに別に銭一貫三〇〇文、計四〇貫九〇〇文（金八両一分）を渡した。

また三男の千長にも、旅先で購入を依頼した位牌代を含め、金一〇両を渡した。そして周蔵が調達すべき品物で見積り違いがあった場合には、この一〇両のなかから支払うように指示した。

周蔵・千長兄弟は、兄の指示を守って安価な木賃宿に泊まり、大酒を飲むこともなく、大体の日はほぼ兄の見積もった金額で旅をした。しかし旅の期間は約五カ月に延び、また期間中にお陰参りの流行にあい、生まれが良すぎるためか、お陰参りの人々への布施《ふせ》や喜捨《きしゃ》が多かった。結局、周蔵は旅の期間中、金二八両二分と銭四七〇文を出費した。兄から渡された旅費の不足分は、京都での借金と弟からの預かり金で賄った。

周蔵・千長兄弟の旅は、庶民の典型的なものとは言えない。この兄弟は若いのに道中で際立って羽目を外すことはなく、安宿に泊まる一方で、高額な物品を惜し気もなく購入している。

当時の金一両が現在の金額にしてどの程度かについては、いろいろな試算方法がある。筆者の感覚では、金一両は大体一〇万円前後に相当すると思うが、安くみても五万円はするであろう。それを思えば、周蔵の金銭感覚はやはり異常である。

弥次・喜多にみる旅先での出費

江戸時代後期の一般的な旅日記をみると、東海道の宿々の旅籠代は食事付で大体が二〇〇～二五〇文であり、安くて一七〇文、高くて二八〇文程度である。東海道以外でもほぼ同額であるが、観光地ではこれより高いこともある。

『東海道中膝栗毛』には、道中の費用について系統立った記述がない。しかし散見する諸物価については、極端な間違いはないと思われる。同書が多くの読者を得た理由の一つは、物価などの社会背景に根本的な矛盾がないからである。

『膝栗毛』に記された物価で、多額なものとしては次のようなものがある。まず弥次・喜多が最初に宿泊した保土ケ谷宿では、旅籠屋の留女《とめおんな》が旅の田舎道者《どうじゃ》を銭二〇〇文で宿泊させようとしたのに対し、道者は一一六文と主張したので交渉が決裂した様子を記している。当時の旅籠代の常識からみれば、交渉決裂は当然であろう。

弥次郎兵衛は、藤沢〜平塚宿間で銭三五〇文の駕籠を交渉して二〇〇文で乗り、小田原宿で五右衛門風呂を壊して金二朱、蒲原宿の木賃宿では夜《よ》這《ば》いをしようとして天井板を踏み壊して三〇〇文を弁償させられた。安倍川の渡しでは、川越人足に一人六四文と、別に酒代として一一六文を支払った。

藤枝宿では馬が二〇〇文と言われたので乗らず、瀬戸の染飯の茶店でのだまされた酒宴に銭九五〇文を支払わせられた。大井川の渡しでは、二人乗りの蓮台が四八〇文。日坂で泊まった旅籠屋では、喜多八が巫女《いちこ》に死んだ母を呼んでもらったお礼として二〇〇文を支払っている。普通の旅人では支払うはずもないものと、一方で旅中で必ず支払わざるを得ないものを混同して記しているから、読者の興味をひいたのであろう。

少額なものとしては、乞食や合力《こうりょく》侍への布施は大体が銭一文で済ませている。藤枝宿の手前で出会った物乞いをする坊主には、一文と間違えて四文銭を投げ出し、悔しがったりもしている。

安倍川餅をはじめ、餅類は大体が五文であるが、菓子を二文で買った時もある。茶屋でちょっと飲む酒は、二人で二四〜三二文程度であるが、酒の肴はその約二倍もする。当時の旅人は、昼間でもよく酒を呑んだようである。

旅の必需品の草鞋の値段については記していないが、弥次郎兵衛は池鯉鮒宿で足を痛めたため、代わりに一六文の草履を値切って一四文で買った。当時の草鞋は六〜八文程度であったはずである。

弥次・喜多は旅の途中でしばしば女性にちょっかいを出したり、悪所へ寄ったりしている。しかし金額については、ほとんど具体的に記していない。類書によれば、宿々の飯盛女への支払いは大体銭二〇〇文前後であると言われ、記さなくても読者にはおおよその想像ができたのであろう。

帰宅と出迎え

『膝栗毛』では、弥次・喜多は享和二年（一八〇二）に江戸を旅立った。しかしこのシリーズが思いもよらず好評のために、金毘羅・宮島・木曽街道・善光寺・草津温泉・中山道と旅をし続け、二一年もかかってようやく江戸に帰ることになった。もちろん『膝栗毛』の出版事情の上での話である。

弥次・喜多のように長期間旅をした人、あるいは一生を旅で過ごした人もいるが、一般的にはある程度の期間で帰宅する。旅の期間は人それぞれであるが、例えば江戸から伊勢参りをするだけであれば一カ月もあれば往復できる。ただし多くの旅人は滅多にない機会であるから、途中で何カ所かを巡り歩いた。その一方で、日帰りで近隣の社寺へ参詣する旅もあった。

先述した大田区立博物館の図録『弥次さん喜多さん旅をする』は、東国の人が遠方の西国方面へ旅をした際の旅日記をまとめたものである。それによれば、一〇〇人中で旅の日数がはっきりわかるのは七七人であり、最長で一八一日間、最短で三八日間、平均すると七二日間である。

もちろん旅日記を書くということは、最初から長旅を予定している場合が多い。したがってこれが当時の旅日程の実態を全面的に反映しているとは言い切れない。

長期間の旅であれば、それ相当の土産も準備しなければならない。彼《か》の、家を捨てたはずの弥次郎兵衛でも、鳴海宿手前の有松で母親と妻に土産の絞《しぼ》りを買おうとしたくらいである。もっとも弥次は店の主人の対応が悪くて気が変わり、自分の手拭を買っただけであった。

江戸の人が旅から帰る場合は、出発時の見送りと同じように、家族や知人が品川宿で出迎えることが多かった。宿場町や城下町の住民であれば、最低限でも宿場・城下町の入口で出迎えるが、普通は手前の宿場まで出迎えた。

相模国土肥吉浜村の神主鈴木大和進は、お陰参りの最中の文政十三年（一八三〇）八月十二日に伊勢参りに出掛け、お陰参りが下火になった九月四日に帰宅した。同人の旅日記によれば、帰宅前日の三日に東海道原宿までたどり着くと、出迎えの人が待っており、同夜は歓迎というか慰労会というか、出迎え人の出費により芸者を揚げて大騒ぎをした。翌四日には下田道から根府川通を辿り、途中で最後の土産を買うなどして湯河原へ到着すると、子供が迎えに出ていた。その後は、知人宅へ留守中の挨拶をして回り、ようやく夕方に自宅へ帰っている。

大和進は、帰ってからの土産物の配分については記していない。しかし神主という立場でもあるし、途中で多くの土産物を買っている。出迎えの人々は、手分けをして大きな土産物や手荷物などを担ったことであろう。もっとも土産物の配分については、出発時の餞別などに応じ、ある程度のことを考慮してあったはずである。

さまざまな旅と旅人

女性・子供の旅

旅に出るのは、現実として家長である男性が多かった。一般的に家長はある程度自分の意志を貫くことができたのに対し、女・子供は何事にも家長の許可を必要とし、経済的な自立もほとんどない社会であった。また治安が良くなったとは言え、女・子供だけでは道中が不安でもあった。

しかも女性の移動には、このほかにも多くの厳しい規制があった。領主によっては、女性が他領へ出向くことを禁止している。こうした場合は、領内に新四国のような霊場ができ、それが女性の旅先になった。それでも他国へ旅をしたいとなれば、無断で抜け参りをせざるを得ない。

目的地までの途中に関所があれば、そこで女改めがある。しかし女手形を取得し、関所役人に提出すれば関所を通ることはできた。お陰参りの時などは、集団で関所破りを行った。

幕末期には、関所近辺の人に金銭を支払い、関所破りの案内を依頼する女性もいた。尊攘派の清河八郎は、出羽国にいる母亀代を連れて西国の旅を楽しんだ帰路、今切関所を避けて本坂通を迂回し、三ヶ日で船頭へ金一分を払って安政二年（一八五五）七月二十日の未明に呉松村まで渡っている。今切・気賀の両関所を破ったのである。

規制と言えるかどうかはわからないが、旅先の神社仏閣では女人禁制の場所が多い。東海道に面して旅人が等しく目にする三島宿の三島大社は、江戸時代には女人結界であったので、女性が境内へ入って参詣することは少なかった。

道中の仕事に携わる人は、屈強な男性であることが多い。女性の旅人は、それを見るだけで恐怖感を抱いたことであろう。特にほとんど裸に近い大井川や安倍川の川越人足に誘導されての川越は、不安感を一層増幅させたに違いない。

街道筋、特に山道では悪党が徘徊《はいかい》し、タカリや法外な酒手を要求することがあった。旅人の路銀をねらうゴマの灰もいた。ゴマの灰はスリ行為だけでなく、旅の女性をかどわかして遊里などへ売り飛ばすことをたくらんだりもした。こうしたことで、女性はなるべく一人旅を避け、男性を供に連れて旅をした。止むを得ず女性だけの旅の場合は、途中で出会った信頼のおけそうな男性に同道を依頼したりもした。

子供の旅も、女性と同様に厳しい状況にあった。ただし後述するように、お陰参りはほとんどの場合、子供がふっと旅立つことからはじまっている。何の保証もない子供が旅立つことに、人々は霊力を感じたのである。沿道では、これらの子供に食料や旅費などを与えて支援した。

女性文化人の旅

駿河国庵原村の山梨志賀子は、五五歳の寛政四年（一七九二）二月、息子と従者を伴って西国方面へ旅立った。途中、秋葉山・鳳来寺へ迂回し、神宮を参拝してから近江路経由で京都へ回り、宇治・奈良・吉野・高野山・大坂を経て岡山へ行き、船で丸亀に渡って金毘羅詣でを済ませ、宮島へ渡ってから広島に出て帰郷した。約三カ月に渡る大旅行であった。

信濃国飯田島田村の森本都々子は、浜松から同地の名主宅へ嫁いだ女性である。文政五年（一八二二）三月、浜松への里帰りのため、迎えにきた父、理解のある夫、それに二名の従者を連れて青崩峠を越え、女人禁制の秋葉山を参詣した後、天竜川を舟で大谷村まで下った。途中、夫婦の歌道の師匠である内山真龍《またつ》を訪ねたのであるが、真龍は前年に死亡していた。

浜松の生家に着いてからの都々子は、高林方朗《みちあきら》をはじめ、歌道の師匠・仲間としばしば歓談して日を過ごし、飯田では見ることのできない東海道筋の大名行列や天竜川渡船を見物に出掛けたりした。帰路は、東海道から美濃路・中山道を経て木曽峠から飯田という経路であった。これも約二カ月にわたる長旅であった。

志賀子や都々子のように教養が高く、しかも恵まれた環境にあった女性は一般的とは言えない。こうした女性の多くは旅日記を残しており、柴桂子著『近世女旅日記』で実態が紹介されている。

ほとんどの女性の場合、自らの意志による遠方への一人旅は不可能であった。その機会があるとすれば、抜け参りの流行に便乗するか、危険を承知で廻国巡礼などに出掛ける程度であった。

そこで一般に女性は、前述したような近くの霊場や温泉などへ出掛けたのである。新城前掲書によれば、地域的な霊場では女性の参詣者が七割を占めた例もあるという。

遍歴の旅

江戸時代以前には諸国を遍歴・漂白する人々が非常に多く、大きな社会問題であった。それを自由な社会とみるか、無節操な社会とみるかは価値判断による。しかし少なくともそれらの人々の多くは、定住生活が不可能であったために遍歴・漂泊を余儀なくされていたのである。

江戸時代になると、農民だけでなく、職人・商人の定住化も進んだが、遍歴する人がいなくなったわけではない。鋳掛師《いかけし》などの出稼ぎ職人や、売薬などの行商人は、村の人々の生活必需品だけでなく、極めて重要な情報をもたらした。

神宮や各地の大社寺の御師・宿坊は、信者を確保するために定期的に配札して回った。浪人武士・虚無僧《こむそう》などのなかには一定地区を縄張りにし、合力を強要して回ったりする者もいた。手段や目的は違うが、やくざ・博徒の多くも言わば遍歴者であった。

武士は公用以外の旅が困難であったが、武芸に秀でる若者には武者修行が許可されることもあった。武者修行では道場を訪ね歩くが、途中には修行人宿のようなものもあった。俳諧師や学者・芸能者も遍歴し、資質を高めるだけでなく、才能を活用して礼金をもらって回る人もいた。芭蕉や一茶などは、その代表である。

庶民のなかにも遍歴をする人がいたが、多くは六十六部（六部）や諸国巡礼などのにわか宗教者に変身して遍歴を続けた。六部とは、書写した六十六部の法華経を諸国の社寺へ奉納して回る巡礼のことある。沿道の人々から合力を受け、旅を続けるのが普通であった。

諸国巡礼にはさまざまな種類があるが、一般には西国三十三カ所や四国八十八カ所の霊場を回ることを言った。巡礼途中では多くの場合、合力を受けざるを得ないのであるが、なかには生活を維持することが最大目的の乞食巡礼もいた。こうした人々は、もとより旅の資金もほとんどなく、途中で充分な食物にありつけない。巡礼のための遍歴の旅は、まさに命懸けであった。

遠江国匂坂中之郷村に、すみという女性がいた。天保六年（一八三五）に夫と死別。その時、すみは四四歳であった。姑を家において近所の寺へ奉公に出たすみは、八五歳で姑が死亡すると家に戻り、弘化五年（一八四八）に自身が六〇歳を迎えたのを契機に諸国巡礼に旅立った。往来手形には、老齢で帰国日限もわからない、ついては旅の途中で病死したらその地の作法で取り片付けてもらいたいと書いてある。ただし何時かはわからないが、すみは無事に帰国し、嘉永五年（一八五二）に四一歳の養子を迎えている。

尾張国上内村に源次郎という人がいて、夫婦で一〇年以上も諸国を巡礼して回っていた。ところが嘉永五年十月、巡礼途中で生まれた六歳の男子を二川宿で病死させてしまった。源次郎夫婦は男子の埋葬を依頼した二川宿の宿役人から、当所には夫婦の出身地である尾張藩の七里飛脚役所があるのでそこへの報告の是非を尋ねられ、それを断って再び巡礼の旅を続けた。

東海道筋には、このような人々が行き交っていた。それが江戸時代という社会である。

阻害された人々

街道筋は見知らぬ人が行き交う場所でもあった。五街道は道中奉行の管轄であるが、その地の領主の所領でもあるという二元支配構造であった。領地も分断されている場合が多く、統治組織が複雑で、治安という面では大きな欠陥があった。その上、貨幣経済も一般村落より活発であった。

そのために宿場は地域社会から阻害された人々が集まり、あるいはさまざまな事情で奉公稼ぎに出て来ざるを得なかった場所でもあった。時に、犯罪者の隠れ場ともなった。幕府はしばしば宿場に対して博打《ばくち》の禁令を出しているが、旅籠屋や人足のたまり場が博打の場所となっていたからである。後述するように、日本左衛門が厳しい探索にもかかわらず、長い逃亡ができたのも街道筋の治安と統治組織に問題があったからである。

街道筋には詐欺師的な交通労働者もいて旅人を悩ませたが、逆の目で見れば彼らの多くは生まれ育った村落から阻害され生業のない人々であった。小揚取《こあげと》りという道中人足が悪行を働くこともあったが、それは労働賃金が安価であったからでもある。

旅人のなかには家を持たずに遍歴し、社会から阻害された人が少なからずいた。前述のケンペルは、東海道で物乞が多いことに驚いている。

深井甚三著『江戸の旅人たち』によれば、中～後期になると、困窮して村で暮らせなくなった人々が巡礼・六十六部などに身を投じ、浪人武士が謡《うたい》で合力を請うために遍歴するようになった。盲人の女性のなかには、瞽女《ごぜ》として三味線を弾きながら旅をする一群の人々もいたという。

盲人の男性のなかには、座頭《ざとう》と称し、按摩・灸治療などに従事する人々もいた。彼らは宿場を巡回することもあったが、一定の旅籠屋と契約をしている場合も多い。

牛と馬

旅をしたのは、何も人間だけではない。さまざまな物資や情報は自然的・人為的に移動したし、人の言葉は言霊《ことだま》として浮遊した。少なくとも、多くの人々はそのように信じていた。深井甚三前掲書にはこうした事例が多く紹介されているので、以下、同書を参考にしながら記す。

東海道をはじめとする五街道で荷物や旅人を移動させたのは、自力か、宿場の人足や馬である。牛の背に荷物を付けるのは信州や南部地方の山岳地域に限られ、牛車の利用も京都周辺と駿府・江戸・仙台だけであった。

西国では農耕用に牛が飼われていたが、輸送用にはほとんど利用されなかった。戦時体制が平和的に変化してできあがった江戸時代であっても、さすがに牛では遅すぎたのである。

山岳地域で牛が利用されたのは、足の爪が二つに割れていて山坂を歩くのに馬より適していたからである。それに夜を過ごすことは、馬は馬宿が必要で飼料にも配慮が必要であるが、牛はどこでも寝そべり、飼料も道草でこと足りた。

宿場で常備する馬は盛んに使役されたが、日常的には両隣の宿場を往復するだけであった。特例として合宿のために一～二の宿場を追い通すこともあったが、それでもその程度である。旅人が宿場と宿場の間で戻り馬を調達しても、次の宿場まで行くだけである。

馬が遠方まで旅をする機会は、売買か贈答用として輸送される場合であった。事実は定かでないが、広重が保永堂版「東海道五拾三次」を描くことになった契機は、天保三年（一八三二）の八朔《はっさく》の嘉義《かぎ》に幕府から朝廷へ馬を献上する一行に同行して、その様子を描くように命ぜられたから、と自身が後に語っている。将軍家から朝廷へ馬が送られたことは事実であるが、市井《しせい》の浮世絵師の広重にこうした命があったとは考えられない。

遠隔地に送られる馬や牛は、渡船場では人と同様に船に乗った。寛政四年（一七九二）六月の天竜川渡船の牛馬の渡船賃についての記録に、次のようにある。すなわち、馬は馬喰《ばくろう》がひく鞍を付けないものだけについては三人分の船賃（五四文）で渡し、馬喰については無賃にする。牛についてては原則として無賃であるが、不定期に通る伊豆から大量に買い入れた子牛だけは牛方と相談の上、一瀬・二瀬越しにかかわらず一疋を一八文で渡すことにしている。ただし近年は何処を通ってるのか、全くこうした牛を見掛けないとある。

鞍を付けない牛馬は宿継用ではないので、渡船賃を取ったのである。旅の発達を促進した馬も、自身が旅する機会は以外と少なかったのである。

犬の抜け参り

犬は、馬とともに最も古くから人間の近くにいた動物である。もっとも江戸時代に庶民が犬を愛玩用に飼うことは少なく、多くは野良犬であり、それが村や町全体の番犬の役割を果たしたりもした。

ただし十六世紀後半以降になると西洋種の大型犬も渡来し、将軍・大名家に飼われて狩猟に使われ、また狆《ちん》などの愛玩用も輸入された。これらの唐犬・南蛮犬は長崎で船からおろされ、東海道を東へ向かったのである。

家康が遠州で狩猟を行った時、「唐犬六七十匹」に獲物を追わせたことがある。こうした大型犬の飼育のために、江戸では豚を飼って餌にしたという。逆に、鷹狩用の鷹の餌として、各地から野良犬が捕獲されて江戸に運ばれたりもした。

一方、庶民の間では、犬は遠方まで旅をしたり、時に参宮にも出掛けることもあると信じられていた。深井前掲書によれば、宝暦十二年（一七六二）の江戸では、病人の夫の妻が独り言で代参を求め、それを聞いた犬が浅草寺へ代参したので病気が治ったといううわさが広まったという。

明和八年（一七七一）のお蔭参りに際しては、

隷書東海道・四日市（部分）　広重

前述した出羽国の我孫子周蔵が道中で参宮する犬のうわさを聞き、実際に自らもそれを見たと旅日記で記している。広重は、隷書版東海道の四日市の絵で抜け参りをしている犬を描いているが、これは文政十三年（一八三〇）のお蔭参りを参考にしたものであろう。

同じく深井前掲書によれば、寛政二年（一七九〇）に安房国の庄屋は犬が参宮を望んでいる夢を見たので、犬の頭に銭三〇〇文を結び人を付けて村送りにした。するとその犬は参宮の旅から無事に帰り、しかも沿道で銭を与える人もあったので銭は三貫文に増え、重いので村送りの人が持参したという。

もちろん犬が自らの意志で参宮をするはずもないから、参宮に出掛けた人が犬を引き連れて行ったのであろう。当時の人々には、人間に忠実な犬はそれだけ身近な存在であり、ひいては人間と同様な行動をとると思ったのである。

象のお通り

享保十三年（一七二八）六月、八代将軍吉宗の要請を受け、唐商人によりベトナムから二頭の象（牡七歳・雌五歳）が長崎に渡来した。日本人は、古くから象の存在を知っていたが、実際に象が渡来したのは応永十五年（一四〇八）が最初である。江戸幕府の成立直前にも渡来したが、それから一二五年振りであった。

二頭のうちの雌象はしばらくして死んでしまったが、牡象は吉宗の上覧のため、享保十四年三月十三日に宰領《さいりょう》二人・象使い四人ら総勢一四人に付き添われて長崎を発った。一日三～四里の行程で長崎路・山陽道を通り、四月二十六日に京都へ着いて、二十八日には中御門天皇と霊元法皇に拝謁した。この時、拝謁には爵位が必要ということで、この象は「広南従四位白象」に除せられたというが、事実は定かでない。

翌二十九日に京都を出発した象は、美濃路から東海道へ入り、今切渡船での乗船は危険ということで本坂通を迂回し、五月八日には気賀に泊まった。『都田村年代手鑑』によれば、珍しいので、近国の人々が残らず見物にきたとある。

この象は将軍上覧用であったので、長崎奉行より沿道の宿村へ厳しい触書が出されていた。それによれば、象が通る時には静かにし、飼料として一日に三〇〇斤（一八〇キログラム）の青草・藁と飲用の清水を用意し、牛馬は象が脅える心配があるから隠しておき、天竜川渡船は馬三～四疋分として対応することとある。

象は大井川を歩いて渡り、箱根峠では体調を崩して心配されたが、五月二十五日に江戸へ着いて、二十七日に吉宗に謁見した。その後は江戸の浜御殿で飼育され、一般にも観覧された。

しかしあまりにも大食漢であり過ぎた。寛保元年（一七四一）に、幕府はこの象を江戸近郊の中野村に住む源助に預けた。源助は幕府の許可を得て、象の糞を疱瘡に効能があると言って売り出して大儲《もう》けをしたのであるが、管理の悪さからか、翌年十二月に死亡させてしまった。日本に連れてこられて一六回目の冬であった。

象は、その後も文化十年（一八一三）と文久三年（一八六三）に連れてこられた。このほかにもオランダ人から将軍へ、さまざまな珍獣が献上物として届けられた。大型の珍獣の場合は、全面的に覆い隠すこともできないから、輸送を通じて庶民の目にも触れた。

献上動物の旅

秀吉による朝鮮侵略に際し、出兵した武将から秀吉のもとへ虎の肉や毛皮だけでなく、生きた虎も送られた。慶長十九年（一六一四）にはオランダ人から家康へカンボジア産の虎の子が送られ、家康は江戸にいる家光に送ったという。

生きた虎がこの後も送られてきたかどうかはわからないが、虎の皮は送り続けられた。やがて虎は庶民の間に勇猛な動物として伝説化され、それが犬張子として形を変えて広まった。文久元年（一八六一）には、江戸麴町の福寿院で本物の虎の見世物興業が行われている。

西洋馬は在来種に比して軍馬に適していることから、将軍や大名の注目を集めた。オランダ商館では、寛永十一年（一六三四）にペルシャにあった東オランダ会社に手配させ、ペルシャ馬を三代将軍家光に献上した。幕府はこの馬を種馬として繁殖を試みたが、失敗に終わった。四年後にもペルシャ馬が献上された。寛文八年（一六六八）には四代将軍家綱にペルシャ馬二頭が献上され、これは種馬にすることに成功した。

吉宗は中国・朝鮮から馬を輸入し、享保十年（一七二五）にはオランダから西洋馬三頭が献上された。その後も西洋馬はしばしば輸入され、一部は幕府の牧場で品種改良に当てられた。

安永八年（一七七九）には、オランダ船によりナマケモノの一種やジャコウネコがもたらされた。寛政四年（一七九二）と翌年には、同じくオランウータンが送られてきたが、両方ともに間もなく死んでしまった。

寛政元年（一七八九）にはダチョウが送られてきた。享和三年（一八〇三）と文政四年（一八二一）には、ペルシャ産の一峯ラクダが渡来した。このラクダは大坂や江戸で見世物に供され、その後は東海地方などにも巡回してきて評判となったが、後に北陸地方での巡業中に寒気のために死んでしまった。

見え隠れする動物

このほかにもオランダから将軍へは、山嵐・ロバなどのさまざまな動物が献上された。寛永九年（一六三二）には、長崎奉行から愛玩用として孔《く》雀《じゃく》・インコと毛長猫が献上された。

これらの珍獣は常に注目と驚嘆の的であったが、小型動物の場合には輸送中覆い隠されて、庶民がそれを目にすることができないこともあった。しかし長崎の絵師等はこれらの珍獣をスケッチし、やがて版画に刷って販売されたので、庶民は別の世界観を実感した。

東海道を往復する献上動物は、渡来したものだけとは限らなかった。先に、鷹狩用の鷹の餌にする野良犬が各地から送られたことを述べたが、鷹も各地の御巣鷹山から将軍へ送られてきた。鷹狩は、古くから天皇や公家の権限に属していたが、家康はその権限を奪い、天皇家へは自らの鷹狩の獲物を送る儀式に替えてしまった。

こうした注目を集めた動物以外にも、多くのありきたりの動物も東海道を移動した。江戸時代に最も繁殖した動物は野良犬とネズミである。ネズミは、個別的にみれば自らの足で遠隔地を移動したとは考えられないが、積み荷のなかに潜んで船や馬の背で送られもした。見え隠れしながらの移動である。農家や資産家に嫌われたネズミではあるが、やがてネズミに芸を仕込んで見物させる旅芸人も出現した。

猫は、京都で愛玩用として飼われ、その風俗が次第に江戸へも移った。やがて農家でも、ネズミ退治用として飼ったりもした。ネズミと同様に、猫も自らの足で遠隔地を移動することは少ないが、人の手から手へと貰われて移動した。

山にすむ猿のなかには、捕らえられて猿曳《さるひき》とか猿回しという芸人に訓練され、街道を拠点に在方の家々を回ったりした。猿は、江戸時代以前には神の使いと信じられていたが、江戸時代になると人々の娯楽に供されるようになった。

東海道だけでなく、その上空には鳥が舞った。大坂堂島の米相場の伝達には伝書鳩が使われたという。慶応三年（一八六七）の「ええじゃないか」騒動では、上空に舞う鳥が、咥えた御札を降らして大騒ぎになったという記録も多い。まさに見え隠れ、である。

旅が好きな神々

見え隠れと言えば、目にみえない各種の情報なども確実に東海道を介して移動した。精神生活にかかわる神仏等もそうである。

古来、日本の神々は一カ所に定住することなく空間をさまよい、人間が祭祀《さいし》を行う際に神が招かれたのである。神を招く場所を岩座《いわくら》、招いた神が暫し止まる場所を寄り代とも神籬《ひもろぎ》とも言った。神が社殿に常駐するようになったのは、仏教による寺院建築の影響である。

もともと日本の神は、旅好きなのである。村の氏神は一年に一度くらいは社《やしろ》から出て村中を渡輿《とぎょ》する。神幸である。神を永久に社に閉じ込めてしまっては神徳が衰えるので、新たに霊力を回復してもらうためである。神幸の途中で立ち寄る場所、すなわち仮の鎮座地が御旅所《おたびしょ》である。神の旅先での宮居《みやい》である。

氏神でなくても、一定の空間を移動する神仏は多い。各地で日待ちの対象となった庚申《こうしん》は、神道では猿田彦に、仏教では青面金剛に融合して庚申講仲間の家を回った。巡り地蔵も同様である。

新居宿の北隣の中之郷村にある二宮神社の神体は曲玉《まがたま》である。社伝によれば、長徳元年（九九五）に大和国から山鳥が咥えて運んできたもので、この曲玉が常に各地を飛遊し、数えるたびにその数が異なるという。

菅江真澄は三河国に在住した時、二宮神社を訪れて飛神である曲玉を拝し、後にいくつかの随筆に書き留めている。例えばその著『かたゐぶくろ』では、刀に曲玉の目貫きをした筑紫国の武士が浜松の薬屋で飛神の話を聞き、二宮神社から飛来したと信じて曲玉を同社へ納めた話を紹介している。『みずのおもかげ』では、昔は石を尊んで奉った例としてこの飛神の例を挙げている。

播磨国高砂の大庄屋三浦迂斉は、宝暦十二年（一七六二）に奥羽・北陸へ旅をする途中で、次のようなことを記している。それは、二宮神社の神体は五色の石で所々を遊行するために飛神と称し、飛行しないように石の穴に紐をつけておくと必ず禍事《まがごと》がある。自分も似た曲玉を持っていて数年以前からこの話を聞いているので、同社の神司渡部織部に頼んで拝した、というものである。

同様のことを書いた随筆や紀行文は多い。それは同神社が東海道の宿場に隣接し、こうした情報が全国に拡散しやすかったことによる。同時に、神は飛遊するものである、とする当時の人々の考え方に適合したからでもある。

村から村へ送られる神々

東海から関東地方にわたって広い信仰圏を有す

る秋葉信仰や、三河・遠江国で盛んな御鍬《おくわ》信仰も、信仰の深化の契機となったのは神体の旅である。

貞享二年（一六八五）四月頃から、三河・遠江国に秋葉祭が流行し、東は藤枝宿、西は亀山宿まで拡散した。秋葉祭では、御幣・神輿・幟を携え、鉦・太鼓を打ち鳴らしながら、大勢の人によって神体が村送りされた。村送りとは、宿継と同じように村から村へリレーで送ることである。

幕府は貞享二年十一月、この秋葉祭を、大勢集まって他国まで送ることは不届きであると自粛を命じた。これによって秋葉祭は終えんしたものの、その存在が各地へ広まった。翌貞享三年に刊行された井原西鶴の『好色一代女』にも、早速、秋葉山の三尺坊の天狗咄が取り上げられた。

御鍬祭は、志摩国磯部の伊雑宮《いぞうのみや》から木製の鍬を受け、これを神輿に入れて村中を練り歩いて村送りする流行神である。流行の周期は、寛保二年（一七四二）までは壬戌年、それに明和四年（一七六七）からは丁亥年にも流行するようになった。その周期は、後述するお陰参りより数段正確である。

御鍬祭には、施酒・投銭餅や歌舞などの奉納をともなった。慶応三年（一八六七）は壬戌年でも丁亥年でもないが、明和四年から百年目ということで三河国で御鍬祭が流行した。そしてそこに大神宮の御札が降り、「ええじゃないか」騒動の発端となったのである。

日本の神々は、すべてが人間に都合のよいものとは限らない。都合の悪い禍神《まがかみ》には、立ち去ってもらうか静かにしていてもらう以外にない。

袋井・見付宿間を流れる太田川の中流域に、向笠中村と向笠新屋村が川を村境にして接し、川には大橋が架かっている。文政三年（一八二〇）六月、中村では流行病を大橋へ送り出し、その時に使用した笹竹などを新屋村へ捨て、立ち去ってしまった。これに対して対岸の新屋村はさまざまな抗議をしたものの、中村が慣例であると主張したので新屋村が訴えた。

結局、同年十月に両村は、今後は中村で使用した笹竹は川へ捨てる、ということで内済《ないさい》した。流行病の村送りは仕方ないが、せめてその笹竹だけは隣村に持ち込まないということである。新屋村へ送り込まれた流行病は、同村によってまた隣の村へ村送りされるのである。

先にみた秋葉祭・御鍬祭のような、言わば有り難い神仏に限らず、さまざまな神仏が宿送りや村送りで次の宿村へ送られ、さらに次の宿村へ継ぎ送られたのである。特にそれが疫病神であれば、なるべく早く送り出さなければならない。

新居・白須賀宿間にある大倉戸村には、今も「チャンチャコチャン」という年中行事が伝えられ、国の記録保存すべき無形民俗文化財に指定されている。天明の飢饉の時、やはり笹竹と鉦・太鼓によって疫病神を隣村へ村送りしたものが由来である。地元では疫病神ではなく、田畑の害虫の除去を願う虫送りと言っている。

近年までは大倉戸だけではなく、近隣の松山や内山でも行われていたが、今では途絶えてしまった。いずれにしても神々は自らの意志でも、また人の手によっても移動したのである。

出張させられた神仏

江戸時代の大社寺は、幕藩領主によって庇護を受けていた。しかしやがて領主財政が悪化しはじめると、庇護が十分でなくなった。そこで社寺を修改築する際には、勧化《かんげ》・開帳などを通じ、社寺自らが基金を集める必要性が生じた。

勧化の方法には、社寺側が自力で募金する相対《あいたい》勧化と、幕府・藩を通じて募金の便宜を図ってもらう御免《ごめん》勧化があった。相対勧化はどこの社寺でも日常的に行っており、村が組織ぐるみで行うことも多く、現在にまで引き継がれている。

御免勧化は、ほとんどの場合は大社寺に限られたが、実施が極めて珍しいというほどのことでもない。一例をみれば、寛保二年（一七四二）五月、伊豆の三島大社は伊豆・駿河・甲斐・相模・武蔵・上野・下野の七カ国で三年間の御免勧化、遠江一宮では遠江・駿河・三河・信濃の四カ国で二年間の御免勧化が寺社奉行から認可された。しかしこの時、二俣村の清瀧寺は認可が下りず、代わりに幕府から金一〇〇両を下付された。

勧化に回る時には、社寺の案内書や御札などを配ったり、場合によってはその地域の一定の場所に仏像や神宝を披露して紹介に努めることもある。後者の場合になると、出開帳である。開帳には、その社寺で行う居開帳と、繁華な地で行う出開帳があった。

開帳の本来の意味は、神体や本尊と人々との結《けち》縁《えん》である。しかし次第に実態として社寺の修改築費用の調達などの経済的要因が目的になった。

出開帳の場としては、江戸をはじめとして京都・大坂が最も有力視された。しかし三都だけでなく、地方の城下町や宿場町でも催された。

開帳をめぐっては、本家争いなどでトラブルが発生することもあった。秋葉山では、元文五〜寛延二年（一七四〇〜九）に、駿河国花沢村の法華寺による江戸での秋葉権現の出開帳や、江戸の深川瑞雲寺・箕輪真正寺による居開帳を、裁判を通じて中止させた。その上で、自らは寛延三年十月以降、しばしば居開帳を行った。コピー秋葉を廃除し、自らをブランドとして全国に紹介しようとしたのである。

この出開帳も、『東海道中膝栗毛』の弥次郎兵衛・喜多八にかかっては台無しであった。弥次・喜多は四日市を過ぎた辺りで、桑名で出開帳を行う予定の「天蓋寺の蛸薬師」を担ぐ一行に出会うが、僧侶をはじめとするその一行と周囲の人々の行動をあざ笑っている。

遺骸と妖怪

庶民が旅の途中で歩行困難な病状に陥ると、その地から旅人の住む村まで村送りによって継送された。もし途中で死亡した場合には、多くは往来手形の文言に従って死亡した付近の寺に埋葬された後、そのことを記した書状が村送りによって家族や親族に届けられた。

したがって旅人の遺骸・遺骨が、東海道を通ることは少ない。ただし幕府役人や大名とその家族、あるいは上級武士が死亡した時には、菩提寺へ葬るから遺骸が東海道を通ることになる。

また主殺しや関所破りの大罪人の処罰は、その大罪を犯した場所で、磔《はりつけ》の上で獄門という規定であった。大罪人の多くは、取り調べ中に厳しい拷問に遭い、獄中で死亡することが多い。その場合でも、死体を塩漬けにして所定の磔場所まで運んで処刑したのである。

大名等の遺骸・遺骨の通行や宿泊については、原則的に生前の規定に準じた。それでも現実問題として、通行は歓迎されなかった。天保十一年（一八四〇）五月に高松藩主の養祖母が江戸で死亡して移送された際、二川宿の本陣では代官と相談し、玄関を修築中ということにして、小休を脇本陣へ回している。

文政十二年（一八二九）十一月に今切関所の関所破りを行った与一という人物は、二年後に江戸で拷問により殺された。しかし規定通り磔にするため、遺体は宿々の御用宿に託され、宿継で新居宿まで護送されてきた。新居宿のこの御用宿へは、護送を担当した人々が大勢入って居宅を踏み荒らしたということで、後に領主から修繕料が支払われた。

宿場では、こうした歓迎されざる休泊用の旅籠屋として、当番制の御用宿を設けていた。囚人の護送などにも、御用宿が利用された。

『東海道中膝栗毛』で弥次郎兵衛・喜多八は、浜松宿の宿屋で按摩《あんま》をからかい、仕返しに恐ろしい話を聞かされ、夜中に小用の際に幽霊のようなものをみて倒れてしまう。弥次・喜多のみた幽霊の実態は、洗濯して干した襦袢《じゅばん》であったが、今も昔も怪談話にはこと欠かない。

特に江戸時代には、不慮の事故により志半ばで死んだ人の魂は昇天せず、現世をさまようと信じている人が多かった。旅の途中で死んだ人や、飯盛女の心中事件も多かった。その魂を慰めるために石仏を安置したりしたが、石仏がまた人の心に事件を思い出させた。

前述した『旅行須知』には、妖怪の出る旅籠屋として、次のようなことを紹介している。すなわち、金谷宿の黒木屋では夜になると妖怪が出て物騒がしくなる。沼津宿の藤田屋は鼠《ねずみ》宿とも呼ばれ、夜中に多くのネズミが出て妖怪をなし、同宿の本陣では枕返しがあり、間宮家では虚無僧の妖怪、高田家では音だけの蝦蟇《がま》が出る。坂下宿の大竹屋と小竹屋でも妖怪が出る、とある。

『旅行須知』は岡山藩の武士が、幕末期に同藩士の旅行に備えて書いたものである。武士もこの程度の認識では、江戸時代の先行きも暗いと言わざるを得ない。

抜け参りとお陰参り

抜け参りは日常茶飯事

往来手形を持たない、すなわち主人や親等の許可を得ない参詣の旅を抜け参りと言った。抜け参りは、特殊な人の旅のように思うかも知れないが、実態として相当に日常化していた。『東海道中膝栗毛』をみると、弥次・喜多は各地でこの抜け参りの人々と出会っており、時に彼らにわずかな金銭を施している。

今切関所のある新居宿の庄屋は、元文三年（一七三八）六月六日に町奉行へ対し、例年通り来る八日より抜け参りで二二人が神宮へ旅立つと予告し、全対象者の名前を届けている。寛保元年（一七四一）にも同様に届けているから、同宿では抜け参りが年中行事化していたのであろう。

地域によっては、若者になると通過儀礼の一環として抜け参りを行うという例も多い。まったく資金を持たない子供や、一方で分別盛りの大人が抜け参りに参加する例もある。

抜け参りの多くは、十分な旅費を持たず、旅先で旅人や沿道の人々から合力《こうりょく》を受けながら旅を続けた。抜け参りへ合力することは、それにより自分にも参詣の功徳が分け与えられるという意識と、子供が一人前になる通過儀礼を支援するという社会通念があったからである。

抜け参りは、制度的には違法行為であった。しかし旅の目的が、たとえ建前でも参詣という宗教行為であれば、帰ってから厳しくとがめられることは少なかった。抜け参りの理由を尋ねられた時、殿様の武運長久や主人の家内安全・健勝を祈願するためであったなどと答えれば、処罰もできないからである。

抜け参りの行き先は、伊勢神宮が最も多いが、金毘羅宮・高野山・善光寺や京都の社寺、あるいは近隣の大社寺なども対象であった。神宮に加え、各地の旧跡などを周遊的に回ったりもした。社寺へ参詣をしない旅も考えられるが、旅先には必ずと言ってよいほど有名な社寺があった。

新居宿で年中行事化していた抜け参りは、西方の神宮であったので、同宿東端にある関所の検閲とは直接的な関係がない。ただし通常でも同関所では、往来手形や関所手形を所持しない他国からの抜け参りや巡礼、あるいは非人・乞食の通行を黙認していた。これらの社会的弱者に対しては、当時の政治・制度的な枠を超え、黙殺という建前的な方法により、特別な処遇をしていたのである。

本当のお陰参り

抜け参りの大規模なものをお陰参りという。それは一般に江戸時代を通じて慶安三年（一六五〇）春から翌年、宝永二年（一七〇五）から翌々年、明和八年（一七七一）の夏、文政十三年（一八三〇）夏、この四回を言う。またそれは大体六〇周年目であるので、人々は一生に一度はその恩恵にあずかることができたとも言われている。

しかし慶安三年のものについては、江戸を中心に関東地方で流行したもので、東海以西ではさほどの現象がみられない。それでも箱根関所の調査によれば、慶安三年三月二十八～九日の二日間だけで神宮に向かおうとした子供が一万二千人余、そのうち同関所を管理する小田原藩領の者が二二八人、ほかに女手形を持っていないために追い返した女性が一八人もいた。

宝永二年正月には、関東で集団の抜け参りがあった。続いて四月中旬に山城国で神宮の御祓《おはらい》が降って子供が抜け参りをはじめ、それが拡散して東は江戸、西は安芸・阿波国にまで伝播した。全国規模の抜け参りは、これがはじめてである。

宝永二年に参宮をした人数については種々の記録があるが、本居宣長の『玉勝間』には同年閏四月上旬より五月末までに三六二万人が参詣し、多い日には一日に二二～三万人が訪れたとある。三六五万人と言えば、武士を含めた当時の全人口の一五％以上ということになる。

慶安三年と宝永二年の抜け参りは、確かに大規模なものであった。しかし当時の人々がこれをお陰参りと認識していたわけではない。ただし宝永二年のそれでは、沿道の人々が参詣者に施行をしており、後のお陰参りに多大な影響があった。

明和八年四月上旬、また山城国で二～三〇人の女・子供が参宮に飛び出したといううわさが広まった。これにより、やがて関東から九州にまで集団による抜け参りが大流行した。前回の宝永二年の大流行から数えて六七年目のことであった。と言うことは、これは前回の年を正確に数えて仕掛けられたものではなく、まさに偶発的な出来事であったとみるべきであろう。

明和八年の群参も、当初は抜け参りと呼んでいたが、途中からお陰参りという言葉が流行りだした。この年は全国的に旱魃《かんばつ》で、特に東海地方では厳しい作柄であった。

それでも『明和続後神異記』によれば、同年四月八日より八月十九日までの伊勢宮川渡しの渡船者人数が二〇七万人余とある。また『おかげまいり明和神異記』によれば、四四一万人余が渡船を利用したとある。島田宿の組頭が召使の老婆に聞いた話では、その時には東海道筋に群衆が集まり、その老婆も銭八〇〇文だけを持ってお陰参りに参加したという。

前述した出羽国の我孫子周蔵は、明和八年三月に旅立って京都・伊勢などを回り、途中でこのお陰参りに出会った。周蔵が記した旅日記によれば、各地で沿道の人々がお陰参りの参加者へ米銭・食物・草鞋・馬・駕籠・船・髪結い・薬などの施行を行い、周蔵自身もその人々へ食物や餞別などを振る舞ったとある。

一般にお陰参りの時には、人出を見込んで諸物価が高騰したと言われている。しかし旱魃被害が厳しい状況のなかでも、周蔵の旅日記を見る限りではそうした様子はない。

明和八年の大規模な抜け参りは、当時の人がお陰参りと呼んだ最初のものであり、道中で施行が大々的に展開された。参加者のなかには、それを記念して常夜灯などを建立したりした。

過去の大規模な抜け参りの流行を振り返ってみると、大体六〇年目前後に発生している。それを量るには、神宮で二〇年ごとに行われる式年遷宮《しきねんせんぐう》は都合がよかった。

式年遷宮は、文政十二年（一八二九）にも行われた。呼応するかのように、翌文政十三年三月に阿波国で御祓が降ったのを契機に、再びお陰参りが大流行した。すなわち今回のお陰参りは、過去の、特に明和八年（一七七一）のそれの経験の産物であり、言わば流行すべくして流行したものであった。

東海地方へは、六月上旬にお陰参りの流行が伝播した。見付宿の『庚申講掛銭帳』によれば、毎日六万人余の参詣者の通行があって宿屋が不足するので野宿をする人もおり、同宿でも御祓が降ってお陰参りに出掛けたという。

東海道筋の宿村だけでなく、各地から大勢の人々が出掛け、沿道では米銭や食物だけでなく、暑い時期であるので日陰や風呂屋などの施行もあった。派手な施行駕籠というものを作ってお陰参りの人々を乗せたり、衣装を揃えて手踊りなどをしたりもした。まさに過去の経験から実感した六〇年周期での民族的祭礼と化したのである。

大井川の渡しを控えた島田宿では、七月十一日に駿府町役所から過分な接待の規制を命ぜられたが、二十一日には接待を再開した。それだけでなく、時期的に満水で川止めになることが多いので、旅籠屋以外の家でもお陰参りの人々を泊めたりした。

今切関所を管理する吉田藩では新居宿に対し、お陰参りの人々に不当なことをしないように触れた。同時に、同関所では抜け参りの通行は見逃すのが暗黙の了解であるにもかかわらず、表面的には関所破りの防止を触れた。

本坂通の気賀関所では、お陰参り流行中にはほとんど黙認し、すでに下火になってから周辺村々に対し、お陰参りの人々の関所破りに加担したとして「しかり」などの軽い処罰をした。この大群衆には、関所もお手上げであったのである。

盛んに仕掛けられた群参

集団による抜け参りは、神宮へのいわゆるお陰参りだけではなく、それ以外にもしばしばあった。領主の政策などにより庶民が村内に縛られる毎日の生活からの一時的解放であり、また大勢で抜けてしまえば怖くはないという群衆心理でもあった。

例えば、寛永十五年（一六三八）に江戸とその周辺で集団による参宮が流行している。江戸や駿河国では、万治四年（一六六一）にも集団による参宮があった。これ以降にも全国各地で群参が流行し、それがいわゆる第一次東海道ブームの基盤となったのである。

宝永二年（一七〇五）の大規模な抜け参りの流行の後にも、やはり集団による参宮が流行している。特に享保三年（一七一八）と同八年には全国的に参宮が流行し、各地で施行が行われた。

享保十四年には神宮で式年遷宮があり、その影響で翌年には東海道筋の三河・遠江・駿河国で参宮に出掛ける人数が異常に多かった。遠江・三河国東部の人々の参宮では、三河国の吉田湊から出帆することが多く、享保十五年の同湊の利用者は約八千人で、前年の二倍、翌年の三倍にも達している。

寛延元年（一七四八）にも各地から大勢の参宮があり、宝暦八年（一七五八）にも伊勢路に米銭が降るという流言が広まって参宮が流行した。特に宝暦八年は、一部にそれをお陰参りと称した人もいたとも伝えられている。

このように地域的、あるいは全国規模での集団による抜け参りは、ほとんど不定期で発生した。その契機は、何らかの奇瑞現象の直後に、日常的には旅と縁が薄い女性や子供が旅立つのを見かけ、それに多くの庶民が付随して、集団による抜け参りに展開するのが一般的であった。

ただし明和八年（一七七一）のお陰参りの後は、こうした大規模な抜け参りが減少した。庶民の間では同年のお陰参りを経験して、六〇年後には再びお陰参りがおきるということを確信していたからである。そしてその確信通り、文政十三年（一八三〇）にお陰参りが到来したのである。

文政十三年のお陰参りの余波は長く続いた。浜松宿辺りでは、翌天保二年（一八三一）にも多くの人が気賀関所の裏道を通ってお陰参りに出掛けた。天保三年には新居宿で尾張国津島神社へのお陰参りが流行し、若者が衣類・笠木などを揃えて盆前まで騒いだりした。お陰参りが、単に伊勢神宮の独占物でなく、また参詣を目指すだけでもなく、騒ぎをともなうようになったのである。

これ以降、それぞれの地域では手近な共同体内部の氏神祭礼が活性化し、また抜け参りにより近隣の地方的大社寺の例祭・開帳などへ出掛ける機会が多くなった。そしてそれは、日常性からの解放感の提供という従前のお陰参りが果たした役割に代わるものであった。こうした多様性が、やがて慶応三年（一八六七）の「ええじゃないか」騒動でみせる多様な行動様式を創出する意識の母体の一部となったのである。

宿場町と街道筋の生態

東海道五十三駅狂画・掛川　北斎

宿場町の特性

宿場町住民の身分

設立当初の宿場では、農業などに従事しながら伝馬役を勤める人が多かった。しかしやがて交通量の増加にともない、交通労働者として専業化したり、離農して旅籠屋・茶屋などを営業する者も現れた。

こうした宿場集落が町であるのか、それとも依然として村のままであったのかは判然としない。法制史的にみれば、地子《ちし》免除された地域は町という見解もあり、宿場は伝馬役の代償として一定の居屋敷の地子が免除されているから町ということもできる。しかし一般的に町とは、一定以上の人口と人口密度を有し、各種の二次・三次産業が展開している空間と考えるべきである。

その意味では、城下町に併設された宿場は、設立当初、あるいは相当早い時期から実態として宿場町でもあった。そしてそこに住む伝馬衆やそのほかの住民は、紛れもなく町人身分であった。

しかし城下町以外の宿場は、言わば農村が変容した集落であり、実態としての宿場町への転化には時間的な経過が必要であった。しかもそこに住む住民は、宿場町に転化して農業と無関係になってからも、あくまでも百姓身分のままであった。

すなわち城下町以外の宿場は現実に町場化してからも、幕藩領主からみれば年貢収納・民政面では村であり、人馬継立・休泊施設などの交通面では町であった。しかし宿場とその周辺地域住民や旅人などからみれば、こうした宿場は紛れもなく町であった。

宿場の町場化への変容にともない、その行政名称が変化した場合もある。新居宿は当初、幕府領で年貢割付状などで新居村となっていた。しかし元禄十五年（一七〇二）に検地があって行政的に新居町という名称に変わり、同年以降には三河国吉田藩領となって同藩が町奉行を常駐させた。

もっとも宿場集落のこうした地名の尾称については、行政名称より、自然発生的な名称の方が実態を捕らえていることが多い。その際、その発展（町場化）過程での尾称は、まず村（郷）からはじまり、実態に即して町（市）になり、さらに交通の発展によって宿（宿場）という変化をたどるのが一般的であった。こうして東海道の宿々のほとんどは、十七世紀末には実態として宿場町に転化したのである。

宿場町の多様性

宿場は幕藩領主の意図によって基礎がつくられたが、各宿はそれぞれの条件のなかで独自の発展の仕方をした。したがって住民構成は、一般の村々とはかなり異なり、多様性に富んでいた。

城下町でもある浜松宿では、天和年間（一六八一～四）の検地で一五種の職人が、実に一万七千坪余の屋敷地の地子を免除されており、すでにこの時期に巨大な職人町を形成していたことがわかる。宝暦年間（一七五一～六四）の浜松の家数は一六九八軒、職人が二七八人であった。このほかの多くは、商人とその雇用者、あるいは各種の交通労働者などであった。

藤枝宿の一部を構成する鬼岸寺村の貞享元年（一六八四）の指出帳《さしだしちょう》によれば、密集した町並を守るために、すでに消防組織が整備されていた。同村の木町では二・五・九の日の月九度の定期市が開かれ、町内には大工・畳職人も多くいた。同じく小坂・裏町にも大工・桶屋・鍛冶屋・染物屋などがいて、職人集団のようなものを形成していたことが伺われる。

新居宿の正徳二年（一七一二）の家数は八八二軒、そのなかに医師三人・家大工九人・木挽《こびき》四人・

船大工二三人・鍛冶屋四人・桶屋三人・鋳掛師一人・紺屋《こうや》七人・石切一人・座頭《ざとう》二人・瞽女《ごぜ》三人・乞食一七人などがいた。乞食の存在は、同宿にそれで生きてゆける要素があったからでもある。

ちなみに、新居宿の明治五年（一八七二）の職業構成は、全七五六軒のうち第一次産業である専業農家は二七軒に過ぎず、漁業を専業とする家が二〇七軒、農・漁業の兼業が一九軒で、残りは交通労働や商業・職人の専業者や兼業者であった。それでも江戸時代の同宿は城下町ではないので、住民のほとんどが百姓身分である。

大井川の渡しを控えた島田宿の延享二年（一七四五）の家数は一三五六軒、そのうち八〇四軒が無高であった。無高層が多いということは、階層分解が深刻であると同時に、農業以外のさまざまな職業があったということでもある。箱根山麓の三島宿でも同様の傾向にあり、宝暦九年（一七五九）には家数一九一〇軒のうち、高持は五八八軒に過ぎなかった。

総じて、宿場町には本陣・旅籠屋・茶屋などのほかに、商人や職人が多く住んでいた。商人のなかには旅人相手のものもあるが、職人を含めて宿内や周辺村々の需要に応じたものが多い。

見付宿助郷の不売買運動

宿場町は単なる交通の中継地点だけではなく、周辺住民の在町《ざいまち》としても機能していた。奉公・日雇い稼ぎの場であり、情報収集の場でもあった。

見付宿は、寛永十八年（一六四一）の入会裁許《いりあいさいきょ》絵図によれば、すでに宿場の中心部に旅籠屋や諸商人・職人などの家が密集している。同宿は城下町ではないが、中世以来の宿であり、御殿・代官所の所在地として、一般の宿場より早く町場化していたのであろう。

時代は下るが、同宿の天保十三年（一八四二）の軒別職業絵図によれば、街道筋町並の家数は四六五軒。そのうち商人が二六九軒、職人が四七軒、無職が四軒、医師が三軒、農業は一一九軒で全体の二六パーセントに過ぎない。なかでも宿場の中心部である馬場町では、全五三軒のうちの約半数の二四軒が本陣・旅籠屋などの宿泊施設で、そのほかに料理屋・居酒屋・蕎麦屋・魚屋・菓子屋・飴屋が合わせて一二軒、それに小間物屋などがあり、農業は一軒だけであった。

宿場町は周辺村々からみれば、助郷として人足や馬を提供させられる交通施設であると同時に、その課役を通じて現金収入の場でもあった。そして地域の在町として商品交換、すなわち貨幣経済の中心地であり、また高等技術を有した職人の集住する町でもあった。

文久三年（一八六三）五月、見付宿の助郷村々は、同宿の財政運営に関して中泉代官所へ訴えると同時に、その問題が解決するまでの処置として、次のようなことを取り決めた。それは、助郷村々では見付宿において売買を止め、博打・諸勝負・遊女通いをしない、課役で出掛ける時には弁当・茶を持参し、髪結いにも立ち寄らない、紺屋・鍛冶屋への出入りを差し止め、職人も雇わない、見付宿から買い出し商人がきても売らない、というものであった。

要するに、不売買運動である。逆にみれば、周辺住民からみた宿場町は、こうした機能を有した集落であったのである。不売買運動に当惑した見付宿は、結局助郷村々の要求を受けざるを得なかった。

往還稼ぎの人々

必要不可欠の雲助

江戸時代の東海道には、さまざまな往還稼《おろかんかせ》ぎがあった。旅籠屋・茶屋なども往還稼ぎであり、宿・助郷の馬士・人足も、駄賃・人足稼ぎという往還稼ぎである。これらの宿村に定住する人々のことについてはすでに述べたので、ここではそれ以外の往還稼ぎについて触れることにする。

往還稼ぎでまず思い出すのは、いわゆる雲助《くもすけ》と呼ばれた人々であろう。語源は、決まった住所がなく身を風に任せる雲のようであるとも、また立場茶屋にたむろして旅人へ駕籠をすすめる方法が蜘蛛《くも》が巣をはって虫を捕らえるのに似ているからともいう。これには異説もあって、ある宿場に背丈が低くて毛むくじゃらな人足がいて、自分で蜘蛛と言い、旅人に親切であったので、往来の人々が親しみを込めて蜘蛛と呼びならわしたことによるとも伝えられている。

雲助という交通労働者が発生したのは、江戸時代の社会のゆがみによるが、同時に宿場の需要があったからでもある。すなわち東海道の宿々の常備人馬は一〇〇人・一〇〇疋であるが、宿場の家々で実際にこれらの人馬を常に用意しておくことは機能的でない。そこで代わりに金銭で払うようになり、宿役人はその金銭で人馬を雇ったのである。助郷の村々でも同じ事情で、遠方の宿場まで出向くよりは金銭で払う方が機能的であった。すなわち街道筋の馬士や人足には、実際に出役した宿場・助郷の人々と、請負人である雲助が混在していたのである。

雲助と言うと一般に評判が悪く、無宿者を想像しがちであるが、全員が住所不定であったわけではない。府中宿では、雲助は問屋会所の裏にある間口四間・奥行三間の人足部屋に住んでいて、夫婦連れの者は木賃宿《きちんやど》を営んだりしていた。

二川宿で「伝馬役取」中の栄治郎の妻が、万延元年（一八六〇）九月に病死し、埋葬に際して妻の出生地の岡崎宿から寺送りを送ってもらったことがある。栄治郎夫婦は、同宿のどこかで暮らし、雲助の仕事である「伝馬役取」をしていたのである。

雲助は、一般に体力が優れていた。体力の維持には相当に気を使い、大変な大食であった。例えば、規定による人足の荷担量は五貫目であるから、三〇貫目の長持は六人担ぎであり、六人分の人足賃が支給される。交通労働に慣れない助郷人足では、六人で担いで次宿まで継ぎ立てるのは困難である。しかし雲助なら、四人程度で担いでしまうこともあった。何人で担いでも人足賃は六人分である。

雲助にも教養人がいた

幕府は貞享二年（一六八五）の宿駅取締令で「宿無《やどな》し雲助」を宿場におくことを禁止したのをはじめ、しばしば取締令を出した。確かに、雲助は旅人から酒手《さかて》をねだったり、法外な賃銭を出させたりもした。頑強な体つきや風体は、特に女性の旅人から恐れられた。

しかし川崎宿の問屋の田中丘隅は『民間省要』で、雲助は夏冬の区別なく単衣物《ひとえもの》だけで過ごすが、罪名をもっているわけではない。雲助がいなければ道中の業務が不可能であり、たとえ幕府から命令があっても追い払うわけにはいかない、と述べている。江戸時代の東海道では、雲助は必要不可欠であったのである。

雲助は、小揚取《こあげと》りとして荷物の上げ下ろしや運搬、あるいは宿駕籠《しゅくかご》を担いで往還稼ぎに従事した。しかし彼らの多くは村の共同体からはみ出された人々であり、金銭を蓄えておく意識が低かった。そのために稼いだ金銭を湯水のように使い、また博打などに興じてしまうことも多かった。

雲助のなかにも多種多様な人がいた。芭蕉が『奥の細道』の旅の途中、下野国黒羽から殺生石を見に出掛けた時、馬の口取りをする男から短冊をせがまれ、「野を横に馬牽きむけよほととぎす」の句を書いて渡したことは有名である。この雲助は、芭蕉とその句を十分に理解していたのである。

無教養であると思った雲助が、実は極めて教養の高い人物であった、あるいはもとは高い身分の人であったという逸話は枚挙にいとまない。風体や職業だけでその人の価値判断をしてはならない、という教訓になる。

物乞いの人々

東海道筋には、また物乞いが多かった。貧困のために生活できない人に対し、富者が施しをすることは当然という意識は、現在の人々よりも高かったからである。

『東海道中膝栗毛』にも、そうした物乞いが大勢登場する。まず同書から、こうした人々の様子をみておこう。

弥次郎兵衛・喜多八は神奈川宿の茶屋で休んだ後、子供の伊勢参りから乞われるままに五文餅を五〜六個を買い与えた。戸塚宿を発つと、途中で出会ったチョンガレ坊主に一文を乞われ、弥次は間違えて四文銭を投げ出してしまった。チョンガレ坊主とは、錫杖《しゃくじょう》のようなもので拍子をとり、半分踊りながら卑俗な文句で唄う物乞いのことである。坊主姿だけでなく、浪人なども同様な仕方で合力《ごうりょく》を得ていた。

箱根宿の手前では、箱根権現へ代参《だいさん》をしてやるから一文を恵んで欲しいと言う子供がいた。箱根権現は東海道筋から離れていて旅人が参詣するには面倒なので、浮浪児がそれを利用したわけであるが、一文をもらっても、まず代参をすることはなかったであろう。

吉原宿の宿外れでは、謡《うたい》をしながら合力を迫る浪人に出会い、続いて乞食坊主に一文を投げ出している。しかし弥次・喜多は三島宿の旅籠屋で路銀のほとんどを盗まれていたので、多くの合力をしようにもできなかった。

保永堂版東海道・沼津　広重

合力しながら旅をする浪人や虚無僧《こむそう》は、中期以降に増加した。風体が恐ろしいので、人々は仕方なく金銭を出したのであるが、それでは際限がないので、やがて住民が共同で出し合った宿村の経費で支出するようになった。

弥次・喜多は蒲原宿の木賃宿で巡礼や六部《ろくぶ》と同宿したものの、ほとんど金銭を持っていないので合力をしていない。府中宿で旅を続けるための金銭を借りた二人は、日坂宿の旅籠屋で同宿した巫女《いちこ》に対して二〇〇文をはずんでいる。巡礼・六部や巫子は、物乞いで旅を続けている場合が多い。

袋井宿の手前では、どてら布子《ぬのこ》に刀を一本指した山岡頭巾を被る乞食に出会って驚き、喜多八は一文を投げ出しているが、これは浪人の合力であろう。今切渡船では、金毘羅詣でや蛇使いなどと同舟しているが、金毘羅詣での多くは物乞いをしながらの旅であり、蛇使いも芸を見せながら旅をすることにより金銭を得ていた。これに類した旅人は日常茶飯事にみられた。

動物や小鳥などを使ったり、自らが演ずる旅芸人も多かった。各地の相撲興業も、規模は別にして数的には現在より多かった。関所では彼らに対し、関所手形の代わりに芸を披露させて通行を許可したりした。

二川宿を発った弥次・喜多は、三人の比丘尼《びくに》と出会って煙草を提供してご機嫌をとったりした。本来の比丘尼とは違い、旅の比丘尼は小唄などを唄いながら春を売ることもあった。

熱田宿で泊まった弥次・喜多は、旅籠屋で熱田宿内の御堂の手水鉢や坊主による巡礼記念碑の建立費寄進を請われ、八文ずつを提供しているが、これも広義には物乞いと言えよう。二人はこの旅籠屋で按摩《あんま》してもらっている最中に、隣座敷の瞽女《ごぜ》が唄う伊勢音頭を聞くが、この瞽女とは芸をしながら物乞いをする盲目の女性である。

四日市宿を過ぎた日永の追分の茶屋で、弥次は金毘羅詣での者に賭け事でだまされてもいる。その直後に抜け参りの子供に報謝を請われ、金毘羅詣での者のイカサマを知らされることになる。

『東海道中膝栗毛』には、このほかにもさまざまな物乞いが登場する。こうした物乞いの多くは、家を捨てたり、家が没落して遍歴を余儀なくされた人々であった。

ただし定住する家がありながら、飢饉などで生活が苦しくなると一時的に物乞いに出掛ける人もいた。天竜川の東岸の村々では農閑期になると、ごく一般的な農民が川を渡ってしばしば浜松宿辺りへ物乞いに出掛けている。天竜川を渡ってしまえばほとんど知人はおらず、まさに行商に出掛ける感覚での物乞いである。

幕藩領主へ出した困窮救済の願書などには、物乞いをする以外にないとか、物乞いに陥っているという表現をよく見かける。過剰表現とも思えるが、こうした日常性に近い物乞いは、特に珍しいものではなかったのかも知れない。

旅籠屋・茶屋で働く人々

旅での楽しみの一つは休泊施設である。本陣や大規模な旅籠屋では下男・下女などの奉公人を抱え、旅人の食事の支度や接待などに当たらせていた。奉公人の多くは、宿内か近郊農村の出身者である。宿場は労働力の需要の場でもあった。

特に本陣・脇本陣では、参勤交代の大名が宿泊する時には多くの人手が必要であるので、宿内の人々も手伝いに出た。旅籠屋でも宿泊者が到着すると、まず亭主の指図によって足洗いの水を出し、部屋に入ると直ぐにお茶を出すのが普通であるから、家内労働だけでは間に合わない。飯盛旅籠では、このほかに飯盛女という春を売ることを強要された女性もいた。

旅籠屋では、客引きを出して宿泊者を誘致した。客引きをする女性を留女《とめおんな》と呼び、宿外れまで出て客引きをするので出女《でおんな》とも呼ばれた。留女の規制は幕府の度重なる法令にもかかわらず、効果がなかった。飯盛女が留女になることもあるが、多くは下女がその役割を果たし、男性が客引きに出ることもあった。

『東海道中膝栗毛』では、弥次・喜多が浜松宿の旅籠屋で宿泊した際、銭屋がきて両替の是非を伺っている。江戸時代は関東が金遣い、関西が銀遣いで、東西で使用貨幣が異なっていたので、旅人にとって両替は重要であった。こうした宿泊者の要請に応じるために、旅籠屋へはさまざまな地元の商人などが出入りした。

旅の疲れを按摩でいやす人も多い。按摩・灸《きゅう》治療には、多くは目の不自由な男性が従事した。一般に座頭《ざとう》と呼んでいるが、座頭とは盲目の人の身分であり、必ずしも座頭身分である必要はなかった。現在と違って、こうした身体障害者は差別的な表現をされる場合が多いが、その人たちをだます風潮は少なかった。彼らは宿場を巡回することもあったが、一定の旅籠屋と契約をしている場合が多く、新居宿の座頭はその得た資金で金融業を営んでいた。

茶屋で働くのは女性が相場であるが、夫婦で商っている場合もある。『膝栗毛』には、茶屋の「婆」や「女」が散見するから、一概に若い女性だけが働いていたわけではなさそうである。

悲惨な飯盛女の生活

飯盛女の召し抱え

江戸時代は、建前上では私娼《ししょう》が禁じられた社会である。当初、幕府は旅籠屋が遊女を抱えることを禁じていたが、飯炊女《めしたきおんな》や旅籠女をおくことは黙認した。飯炊女は飯盛《めしもり》女とも呼ばれ、幕府の法令では飯売女と表現されていることが多い。


飯盛女の抱え主は、彼女たちが自ら「春」を売って旅人より「小遣銭」を受け取るということにして、その実は「小遣銭」をすべて巻き上げるというヤクザまがいの手段を採っていた。飯盛女を大勢抱えていれば宿場が繁盛し、厳しく制限すれば衰微すると考えられていたのである。宿場内の旅籠屋間では、当日の客の多寡により、飯盛女を貸したり借りたりもした。

十八世紀になると、飯盛女を多く抱える旅籠屋が増加した。そこで幕府は享保三年（一七一八）十月、江戸一〇里四方の道中筋では旅籠屋一軒につき飯盛女を二名まで抱えることを公許し、他地域の宿々もこれに準じるように命じた。しかし、なかには下女などという名目を付け、規定以上の女性を抱える旅籠屋もあった。

こうして宿場には飯盛女と呼ばれる多くの女性が拘束されるようになった。もっとも東海道では箱根・原・舞坂・新居・四日市・土山・石部宿に

保永堂版東海道・赤阪　広重

は、建前上では飯盛女をおくことが許されていなかった。このうち原宿では天保六年（一八三五）に、新居宿では慶応三年（一八六七）に、それぞれ宿財政の補塡を目的にして飯盛女をおくことが認可された。

ただし宿場内のすべての旅籠屋が飯盛女を抱えていたわけではない。旅籠屋のなかにも、普通の平旅籠《ひらはたご》と飯盛女をおく飯盛旅籠の区別があった。天保十三年（一八四二）の見付宿の書上帳によれば、当時、同宿には本陣二軒・脇本陣一軒のほかに四〇軒の旅籠屋があり、そのうちの七軒では飯盛女をおいていない。残りの三三軒のうちでは、二九軒が規定限度の二名、四軒が一名の飯盛女を抱えていた。概して言えば、零細な経営の旅籠屋で飯盛女を抱えている場合が多い。

飯盛女をおけば宿場の風紀が乱れるが、それは女性に責任があるのではなく、あくまでも男性側がおこす問題である。飯盛女を介しての諸問題に関し、幕府はしばしば取締令を発し、宿場内でも規定書を書いている。

原宿で飯盛女をおくことを認可された天保六年五月、同宿の旅籠屋三〇軒が次のような内容の規定書を書いている。それは、二名の月番を決めて責任者になり、喧嘩・口論などがあれば仲間で取り鎮め、飯盛女の衣服をなるべく質素にし、彼女等を宿内の人々の酒宴の場所へは出さず、また宿方より御用宿を命ぜられた場合には異論なく勤め、宿方へ仲間三〇軒で伝馬一五疋を勤める、というものである。

飯盛奉公人請状の内容

飯盛女として奉公に出される理由は、ほとんどの場合、親の借金や年貢未進など、生まれた家庭やこの時代の社会事情によった。しかも給金は、労働に対する報酬ではなく、奉公契約が成立した段階で家族などが受け取る前借金であった。

奉公に出される場合には、親・親類や本人が抱え主に対し、奉公人の身元保証書と契約条件である請状《うけじょう》を出した。請状をみれば、飯盛奉公の実態の一端を推測することができる。

請状の本文には、最初に本人の名前とその身分・所属・年齢が書いてある。奉公に出される時の年齢はさまざまであるが、一般的には一五～六歳前後からである。二六～七歳を過ぎていると、高齢ということで雇い主側が躊躇した。なかには、一三～四歳というような事例もある。もっともこれより若年の下女を抱えている旅籠屋も多く、この下女が実態として飯盛女であったり、あるいは飯盛女の予備軍であったりした。

請状には続いて労働条件として、年季・給金が記されている。奉公年季間は、女性の家庭の事情や年齢・給金などとの関係で多様であるが、短期の場合で三年、長期の場合には一五年を越えることもある。概して、低年齢で奉公に出される女性の方が長期契約であるが、実際に働かされている飯盛女の年齢をみると三〇歳を越えている女性はほとんどいない。長期契約を結ばされた女性の多くは、過酷な労働のために奉公途中で死亡することが多かったのである。

給金については、身代金《みのしろきん》とか質代と表現されることもあった。金額については、ほとんど抱え主の恣意《しい》に任された。十九世紀初頭の事例では、奉公年季三年で金一七両二分の女性もいれば、一四年季でわずかに金一両二分の女性もいる。要するに、女性を商品として値踏みしたのである。しかも給金は、飯盛奉公をする本人ではなく、人主《ひとぬし》である家族などが受け取ったのである。まさにこれは、期限を付した人身売買であった。

請状にはこのほかに、次のような飯盛奉公人や親族に不利な条件も付されている。すなわち、抱え主の気に入らなければ前借金を返済し、意に反するようであれば他所へ転売されても異議を申し立てず、奉公中に盗みや欠落《かけおち》などをして抱え主に損失をかけた場合にはその金額を弁償する、果ては奉公期間中にどのような死に方をしても勝手に処分してよい、というようなことも書かれているのである。実際に各地の宿場の旅籠屋へ、何度も転売をされる飯盛女も多かった。

こうした請状の内容をみれば、彼女たちが奉公期間中、どのような悲惨な生活を送らざるを得なかったかが想像できるであろう。実態として、飯盛奉公人の死亡率は極めて高い。たとえ運よく年季が明けても、すでに帰る家は没落しているというのが通例であった。

宿財政を支える飯盛女

旅籠屋で飯盛女を抱えるのは、宿泊客の誘致が目的であり、それが宿場の繁栄に結び付くと考えられていたからである。しかしそれだけではなく、彼女たちは間接・直接的に宿財政にも寄与させられていた。

先に述べたように、天保六年（一八三五）の原宿が飯盛女を抱える際の規定書のなかに、飯盛女を抱える旅籠屋は一軒につき伝馬半疋、すなわち全体で伝馬一五疋を勤めることが記してある。飯盛女の六〇人が、すなわち伝馬一五疋分に相当するとされたのである。常備馬の不足に悩んだ宿場が、飯盛女を抱えることによって旅籠屋を繁栄させ、代償として馬数を補塡したのである。

天保十年の吉原宿の勘定帳の収入欄には、飯盛旅籠から宿方への提供分として金一〇両を計上し、これは旅籠屋の軒数や飯盛女の人数にかかわらず、以前から一カ年に一〇両と決まっているとある。吉原宿では、旅籠屋で飯盛女を抱えているという理由で、旅籠屋から宿助成金を徴収し、宿財政に組み込んでいたのである。天保十～十二年の見付宿の勘定帳によれば、毎年、飯盛旅籠から伝馬助成として金二五両を徴収し、それをやはり宿財政に組み込んでいる。

このように宿場の多くは、飯盛旅籠から宿助成金を徴収していたのである。その際、抱える飯盛女の人数で不平等が生じる心配があるから、飯盛旅籠では飯盛女一人につき一日に銭八文というように、揚代《あげだい》のうちから一定の金額を刎ねて助成金に蓄えておくのが普通であった。

こうしてみると幕府が旅籠屋で飯盛女を抱えることを許可したのは、単に宿場側の要求や実態に応じただけでなく、直接的に宿財政を補塡させることも視野に入れた政策であったことがわかる。それにしても、全宿財政収入のうちの数パーセント以下に過ぎない金額を捻出するために、多くの女性を不幸に陥れたものではある。

飯盛女の抵抗

飯盛奉公に出された女性がその境遇から抜け出すには、年季明けを待つか、身受けされるか、逃亡を企てる以外にない。しかし逃亡には厳しい探索があり、誘引されて逃亡したとしても再びどこかへ売られてしまうことも稀ではなかった。

相思相愛の男性と欠落《かけおち》をしても、厳しい探索や借金が足かせとなり、結局は心中《しんじゅう》という結末が多かった。途中で見つかって連れ戻されれば、折《せっ》檻《かん》などの厳しい処罰が待っており、探索のための費用は誘引した男性や飯盛女が代弁させられた。

年月未詳の記録であるが、二川宿の飯盛女が男性と欠落をし、同情した男性の友達が二人を匿ったということで、その男性等の住む村を二川宿が訴える事件があった。結局、その村が二川宿へ詫状を書き、男性とその友達は詫金四両を出して内済になった。飯盛女がその後、どのような仕打ちにあったかの記録は残っていない。

飯盛女の心中事件は枚挙にいとまないが、二〜三の事例を紹介しておこう。天保九年（一八三八）に浜松宿へ飯盛奉公に出された見付宿出身の女性と見付宿の奉公人が、今之浦で入水心中をした。両人は見付宿に住んでいた時に親しかったのであるが、女性が浜松宿へ売られてしまったので男性が同宿へ出掛け、五日後の夜中に連れ立って心中をしたのである。入水の三日後に遺体で発見された両名は、一つに締めくくってあったという。

天保十二年十月には、見付宿へ飯盛奉公に出されていた府中宿出身の女性と見付宿の男性が、同宿八幡神社東の池で入水心中をした。飯盛女の女性が死亡しても、家族・親戚が遺体を引き取りに来ることは少ない。この女性も引き取り手がなかったために、当初に提出した奉公人請状の文面に従って見付宿で葬られた。

自殺をすることが、抱え主や社会へ多くの影響を及ぼしたとは思えない。しかしこうした境遇の女性にとっては、家族・親戚などへ迷惑をかけないで厳しい生活から逃避するには、自殺以外に考えられなかったのかも知れない。

慶応三年（一八六七）七月におきたいわゆる「ええじゃないか」騒動は、旅籠屋に拘束された飯盛女たちをも巻き込んだ。同年十一月に駿河国に滞在していた相模国の僧侶は、この地方の様相を国元へ報告しているが、そのなかで次のようなことを記している。すなわち、沼津宿の飯盛女は騒動に乗じて皆髪を切って男の姿になり、男の湯文字をかけ、あるいは裸にビロードの腹掛け一つになって三島辺りまで参詣に出掛けたとある。

当時の女性にとって髪は「命」であるが、飯盛女にとっては髪があるから苛酷な毎日を送らなければならない。彼女たちは、後に折檻をされようとも、一度髪を切ってしまえば早急には元に復さないと考え、このような行動をとったのであろう。

飯盛女としての生活は、彼女たちにこのようなことまでさせるほど厳しいものであった。江戸時代の東海道やその宿々の繁栄の陰には、こうした飯盛女の筆舌に尽くせない苛酷な生活と犠牲があったことを忘れてはならないのである。

道中の不法者

無宿者の取り締まり

東海道とその宿場には良きにつけ、悪しきにつけ、さまざまな人間模様が繰り返された。旅人を悩ませたのは、関所や川越・峠越などの難所だけではなく、旅人を食い物にする不法な連中もいた。

十七世紀半ば頃までは治安が不安定で、道中には浪人や盗賊なども多かった。二条・大坂城の大番をはじめとする公用役人は権威をふりかざし、通《とお》し日雇《ひやと》い人足も主人の権威を借りて宿役人や人足を苦しめた。万治元年（一六五八）の宿高札には、街道沿いの居住者が旅行者へ非分をはたらいた場合には曲事《くせごと》に処すとあるから、宿場の人足の横暴も一般の旅人を苦しめたのであろう。

　しかし十七世紀を通じて次第に小農自立が進む一方で、農村からはみ出された人々が城下町や宿場町などに集まり、生活の糧を求めはじめた。幕府は貞享二年（一六八五）十一月、無宿人が旅人に紛れて旅宿を泊まり歩いているという風聞があり、そのなかには犯罪による追放者もいるので、宿場で「宿無し雲助」をおかないようにと触れている。

　この触書に関係があるのであろう。道中奉行は、この時期に発生した次のような道中での犯罪と処罰例を箇条書にして宿々へ順達した。それは、今度、品川・日坂・見付宿で悪事をはたらいた者と、袋井宿で人馬を遅滞させた者を罪科に処した。当春、日光門跡《もんぜき》が上京の際に袋井宿でその荷物を遅滞させたので、同宿の問屋と定番月行事を一〇里四方追放、当番の帳付《ちょうづけ》を所払《ところばら》いに処した。追放になっていた京都の町飛脚宿が、追放先の品川宿で三度飛脚の荷物を切りほどいたので獄《ごく》門《もん》に処し、品川宿の宿役人には過怠《かたい》として一五日間の獄門番をさせた。先頃、日坂宿で旅人と同宿した者が旅人の金子を鉛金に取り替えて盗み、無宿の三人が見付宿で伊勢参宮者に御守りを押し売りしたので、これらの者を獄門に処した、というものである。

　これらの処罰例は、後のそれに比べると重過ぎるようであるが、見せしめ的な意味もあったのであろう。道中奉行は、各宿ごとにこの通達へ確認の手形を押させている。

道中の三悪

　延享二年（一七四五）六月、幕府は道中宿々に対し、次のような触書を出した。それは、旅人に紛れた無宿人のなかには盗賊・火付けなどの悪党がいるが、宿々でその悪党を捕らえて代官所へ差し出すと訴訟で経費がかさむため、単に追い払うだけで済まし、捕えて訴え出ることが少ない。そこで今度、吟味《ぎんみ》の手間の簡素化を各代官へ申し渡したから、今後は怪しい者を見かけたら捕らえて訴え出ること、というものである。

村々の日常生活からはみ出された人は、城下町や宿場町へ出て日雇い稼ぎに従事する一方で、なかには無法化する者もいた。こうした無法者を捕らえて訴えた場合、訴訟のために何度も所轄の代官所や江戸の評定所から呼び出され、それが宿財政にも悪影響を及ぼすことになるので見逃してしまう。それを改めようとしたである。

延享四年三月の道中筋条目には、次のようなことが記されている。それは、近年、旅人・宿々のなかに無法者や悪党がいて、飛脚へ賃銭をねだったり、旅人の宿所へ出向いて酒手《さかて》をねだることがあるというが、こうした者は捕らえて領主・代官所へ申し出るべきである。なお、朱印・証文による人馬利用以外は賃銭を支払うべきであるので、宿々の問屋は人馬利用状況を日〆帳《ひじめちょう》に記しておき、宿中や助郷村々へも勘定が立つようにしておくべきである、という内容である。依然として無法者の取り締まりが重要課題であったが、同時に人馬利用者や宿場側にも問題があった。

宿々を徘徊《はいかい》する無法者に関しては、宝暦十年（一七六〇）にも捕縛を命じている。それは、東海道の小揚取《こあげと》りのなかの悪党どもが徒党して狼藉《ろうぜき》をはたらくので、先年に捕縛を命じた。しかし近年、再び小揚取りや無宿の悪党どもが旅行者から金銭をねだり取ったり、喧嘩を仕掛けたり、旅籠屋へ土足で踏み込んで小石を投げ、灯火を消し、帳面を引き破り、把銭を取り散らし、あるいは野間や山中で待ち伏せて荷物に突き当たるなどの狼藉に及ぶことがあると聞く。今後は、このような者を見逃せば処分する、という内容である。

特権旅行者をはじめとする人馬利用者の横暴や

不法、宿場での旅行者に対する横暴、道中筋での無法者の横行と、まさに道中での三悪が出そろったわけである。

ゴマの灰は国家の患

旅人が日常的に気を付けなければならないのが、ゴマの灰である。語源は、高野聖《こうやひじり》の格好をして旅人へ弘法大師の護摩《ごま》の灰と称してこれを押し売るからとも、または胡麻の上にたかる蠅のように見分け難いどこにでもいる悪者を表現したものとも言う。前者だと「護摩の灰」になり、後者だと「胡麻の蠅」になる。

ゴマの灰は当初、伊勢路を根城として三河・遠江・駿河国の東海道筋にたむろし、抜け参りなどの旅の初心者をだまして金銭をねだり取っていた。箱根より東方では比較的少なかったが、それでも次第に拡散した。

田中丘隅は『民間省要』で、ゴマの灰について次のように説明している。すなわち、護摩の灰は山伏《やまぶし》などのような風体をして旅人を山中に連れ込み、紙に包んだ灰を取り出して貴重な御守りだと偽って押し売りしていた。しかし旅人が用心しはじめたので、今度は薬売りに成り済ましたり、人参・珊瑚《さんご》・金目貫などを旅人が通る先で拾って見せ、これに引っ掛からないと喧嘩をしかけて身ぐるみを剝いでしまう。また道中で辻博打《つじばくち》をはじめ、わざと負けるようにして人を寄せ、仲間の大勢がこれに引っ掛かった人の身ぐるみを剝いでしまう。さらには旅人が武士であれば武士の、商人であれば商人に似せて近寄り、何日も同道して打ち解け、終に一緒に泊まった宿で旅人の荷物や風呂敷などを盗み取ってしまう。これは国家の患であり、今のところは人を殺すまでには至っていないが、根絶する必要がある、と指摘している。

彼の弥次・喜多も、箱根山中の立場を過ぎた辺りで商人風の男と出会い、同宿した三島宿の旅籠屋で有り金をすべてスリ取られてしまった。まさに田中丘隅が指摘した通りのゴマの灰であった。

盗賊の温床

『民間省要』では、偽《にせ》の六十六部と山伏などの横行も批判している。特に偽の六十六部については、四〜七人が揃って風流な笠をかぶって内着を着し、見事な笈《おい》を負い、松虫の鉦を打って面白そうに念仏を唱えながら道一杯になって通り、人をたぶらかして銭を貰い、夜になると博打や酒色に耽《ふけ》り、盗人になる者も多いという。

山伏については、修行もせず、比丘尼《びくに》を妻にして釜祓《かまばらい》を婦とし、夫婦連れで麦や米を貰い歩き、布施が少なければ投げ出して悪口雑言を浴びせ、その返答が気に食わなければ言質をとってねだり掛かるのが実情で、盗賊を捕らえてみると山伏の場合が多いという。

釜祓とは竈祓とも書き、毎月晦日に竈《かまど》を清めて回る巫女《いちこ》などのことである。この巫女が売春もしたので、転じて淫売婦のことを言うようにもなった。

偽の六十六部にしろ、山伏にしろ、『民間省要』が著された十八世紀前半の特異事象であろう。しかしいつの時代でも、これに類する不届き者はいたのである。道中で売春をする比丘尼や竈祓、あるいは買春する男性は、後々まで街道筋の風俗を乱していた。

東海道筋は、一部を除けば中小の譜代大名領や旗本領、それに幕府領が複雑に入り組んで錯綜した支配形態になっている。こうした地域は、統一的な統治と犯人探索が難しく、犯罪者の温床となっていた。

江戸時代の東海道筋の最も著名な盗賊は、歌舞伎「白波五人男」の日本駄右衛門のモデルとなった日本左衛門こと、無宿の浜島庄兵衛であろう。日本左衛門とその一味の行動は歌舞伎とは違い、実際にはまさに傍若無人であった。

延享三年（一七四六）九月二十日の夜、幕府の火付盗賊改めの徳山五兵衛と配下の捕手《とりて》は、見付宿で賭博に夢中になっている最中の日本左衛門に飛びかかったのであるが、逃がしてしまった。その後の日本左衛門の逃亡経路は、本人の自白によれば大体次のようである。

まず知人のいる秋葉山麓を訪ねて逃げ道を教えられ、東海道御油宿へ戻り、美濃路垂井宿にねぐらを構える知人の博徒に逃亡費用を工面してもらい、大坂へ出て、それから金毘羅詣での際に逗留した茶屋で地元の博徒から大金を融通してもらった後、播磨国室津から大坂に戻ったのであるが、ここで幕府より人相書が出回っていることを知る。そこで九州へ逃亡しようとして、安芸国宮島の茶屋に立ち寄り、周防国の知人の海賊を頼って仲間に入ろうとしたが止め、下関から再び大坂へ戻り、伏見・大津・信楽・奈良・吉野山・大坂などを回った。そして十二月二十五日に京都で自首しようとしたのであるが、思い直してさらに伊勢参りをした後、翌延享四年正月七日に京都町奉行所へ自首した。

日本左衛門は逃亡中、西日本の名所旧跡を周遊し、幕府が旅人の宿泊を禁止した茶屋で泊まり、盗賊・賭博仲間に匿われて逃亡費用を工面してもらっている。こうしてみると各地の盗賊・博徒は、それぞれにネット・ワークのようなものがあったことがわかる。

博徒に拘束された雲助

宿場へは、江戸時代初期からしばしば博打《ばくち》の禁止と火の用心の触書が出されている。宿場の人足部屋や立場茶屋《たてばちゃや》などでは、日雇い人足が博打に興じることが多く、家並が続く宿場では出火すれば大被害を受けるからである。

尾張藩の七里飛脚として派遣された中間《ちゅうげん》など

は、自ら継送すべき御状箱《ごじょうばこ》を宿場の人足に無賃で送らせ、自身は博打をしたりして過ごしていた。宿場の住民や助郷人足が巻き込まれると、ほとんどの場合、悲惨な結末を招くことになった。

旅人が博打に手を出すことは少ないが、街道筋には飯盛女を雇って泊まり、同宿の客をいかさま博打に誘う暖簾師《のうれんし》などと呼ばれた者も徘徊していた。木賃宿には雑多な人々が泊まり、賭場が開かれることもあった。

彼の雲助と呼ばれた人々のなかには、博打好きのために在所に住むことができなくなり、宿場町に集まった者も多い。「博打に勝てば小屋に在り、博打に負けては役に出づ」と言われたほどで、雲助のいる人足部屋はまさに賭場でもあった。幕藩領主もこの人足部屋の博打はほとんど黙許したので、実質的に部屋頭という博打の親分が人足部屋を支配していた。

宿場によっては、長脇差を帯したり槍などを所持した専業的な博徒も出現した。博徒は、もともと無宿人や浮浪者であったので、居住地も定まらず、子分もいなかった。しかし領主の取り締まりや人足部屋の部屋頭などと対抗するために仲間を作り、そのなかから親分が現れて親分・子分の関係が生じ、縄張りを設定するようになった。日雇い人足や雲助のなかには、博打を通じて博徒の親分に拘束される者もいた。

治安を担当する役人は、この博徒を単に取り締まるだけではなく、逮捕した後に目明かしとして手下に加え、犯人の隠れ家などへの道案内をさせたりした。これが却って悪党をのさばらせることになり、しばしば幕府はこうした博徒を目明かしに採用しないように触れている。

道中の治安取り締まりなどに関する触書が多いということは、厳しく対処されたという意味ではない。こうした問題が解決されていないから、しばしば触書が出されたのである。

宿駅制度の崩壊

東海道五十三駅狂画・舞坂　北斎

幕末・維新期の東海道

さまざまな矛盾

東海道とその宿々は、江戸時代を通じて次第に賑わいの様相を呈した。しかし同時に無賃や公定賃銭による公用旅行者も増え、賑わいとは裏腹に宿や助郷村の財政は困窮度を増した。

ただし注意しておかなければならない点は、宿財政や助郷の村財政が困窮度を増したのであって、そこに住む人々の生活が等しく困窮化したわけではないということである。たとえ無賃公用の旅行者であっても、休泊すればその旅籠屋へ宿財政から休泊賃が補塡される。人馬を出せば、最低限でも公定賃銭が宿財政から支払われる。宿・村財政が赤字であれば借金をして補塡するが、貸主には利子が支払われるのである。

宿財政の悪化にともない、幕府は宿々の人馬賃銭を値上げしたり、金穀を無利子で貸与したりした。宿々ではその人馬賃銭の一部を刎ね、貸付金の元金にして領主役所などを通じ利殖した。

ところが幕府の天保の改革の一環として、天保十四年（一八四三）に貸付金の元金は前年を区切り、半分を棄捐《きえん》、残り半分を無利子で年賦返納と決めた。弘化三年（一八四六）にはこの貸付金制度が再開されたものの、利息の払い下げは従来より格段に減じた。嘉永六年（一八五三）のペリー来航を契機に海防のための公用旅行者が激増し、翌年には東海道筋で大地震が起こったこともあって、幕末期の宿財政は破綻状態になった。

文久三年（一八六三）に浜松宿では舞坂宿に対し、同区間に運河を掘って浜松から浜名湖舟運と連結する案を提起した。財政難にあえぐ舞坂宿では、一旦は宿場であることを放棄する覚悟でこの提案を受け入れてしまった。舞坂宿は、そこまで追い詰められていたのである。

　この運河計画は幕末の動乱で実現しなかったものの、明治四年（一八七一）には竣工した。明治十四年に東京〜大阪間を郵便馬車などで連絡した時には、この運河を利用して浜名湖西岸の新所村と結んでいるから、次の時代に及ぼした影響は大きかったと言える。

末広五十三次・掛川　二代広重

　貸付金の恩恵にあずかる宿々でもこうであるから、天保の飢饉後の助郷村々ではさらに厳しい状況にあった。助郷役の免除を出願する場合には、代わりの村を指村《さしむら》することが最低条件であった。指村された代助郷《だいすけごう》が、またその免除を出願する場合には、次に別の村を指村しなければならない。要は、助郷役のタライ回しである。

　宿場から遠方であるために、助郷村が実働の人馬役を勤められないことも多い。その場合には宿場と助郷村が契約して、それを宿場が金銭で請け負った。この方法は助郷村のなかでも行われた。このように村内の特定の者や、時には他村の者を助郷村が雇って人馬役を勤めることは、幕末期には極めて一般的になっていた。

「ええじゃないか」騒動のなかで

　文久三年（一八六三）二月、一四代将軍家茂は同勢七千人を引き連れ、将軍としては約二三〇年ぶりに上洛した。往路は陸路であったが、帰東は大坂から軍艦順動丸に乗った。同年十二月にも再び上洛したが、今度は往復ともに海路であった。

慶応元年（一八六五）五月、家茂は長州征討のために江戸を出発したが、翌年七月に大坂城内で死去した。代わって慶喜が一五代将軍に就任し、征長軍を撤退させた。幕末・維新期にはこうした大通行が頻繁にあり、それが宿・助郷の疲弊を一層増幅させた。

慶応三年七月、吉田宿在で神宮の御札が降り、それが吉田宿に伝播して大騒動になった。いわゆる「ええじゃないか」騒動であるが、これは関西での騒動中の踊りの囃《はや》し言葉であり、東海地方では多く「六根清浄」の掛け声が使われた。囃し言葉は別にして、この騒動が主に東海道を媒介にして東西に伝播したことは事実である。

「ええじゃないか」騒動は、地域的には翌年三月まで続くが、この間、常に騒動が連綿と続いたわけではなく、断続的なものである。しかしこの騒動には、神宮やその他の社寺への参詣をともなったから、東海道筋での影響が大きかった。騒動の期間中、日本の政局は大きく動いた。

慶応三年九月、幕府は陸上交通に関するいくつかの改革令を出した。それは、人馬賃銭をそれまでの一倍五割増（二・五倍）から一挙に六倍五割増とし、公用旅行者の無賃人馬を廃して公定賃銭を支払うこととし、従来極めて安価であった公用旅行者の旅籠代を値上げしたことなどである。翌月には、来る十一月から余荷《よない》助郷と当分助郷を廃し、困窮のために助郷免除を出願中の村々へはやがて相応の処置をするであろうと通達した。

しかしこれらの宿・助郷に対する救済策は、あまりにも遅すぎた。すでに民心は幕府による改革の実現を信用していなかった。

宿から駅へ

慶応四年（一八六八）正月七日、新政府は徳川慶喜の追討令を出した。二～三月には東征に必要な宿人馬や渡船などを掌握し、有栖川宮が東征大総督に任じ、総勢五万人で江戸へ向かい、四月には江戸城を開城させた。

閏四月の政体書によって太政官職制の改定があり、駅逓《えきてい》運輸のことは駅逓役所の所轄とし、前月に設置した宿駅役所も駅逓役所と改称した。七月には江戸を東京と改め、九月八日に明治と改元した。

新政府は王政復古の名の通り、職制についても律令制の呼称を復活させようとした。陸上交通では、旧幕府時代の「宿」に代えて「駅」という名称を復活させようとした。

もっとも王政復古から翌年までは折衷的な「宿駅」という名称を多く使用しており、それ以降も「宿」や「宿駅」という名称を使用することもあった。しかし全体的にみれば、「駅」呼称を積極的に導入している。

従来の各宿駅の内部組織については、慶応四年六月の「駅逓改定仕法書」で問屋役人・助郷総代という呼称を廃止し、新規に伝馬所取締役をおいて人馬継立の全指揮者とすることが指示された。そして伝馬所取締役と配下の宿駅役人の選出に当たっては、宿駅・助郷組合のなかから入札で決めることが通達された。

関所は、旧幕府時代の後期になると次第にその存在意義が低下していた。文久二年（一八六二）の参勤交代制の緩和策を受けて、翌年には関所検閲の簡素化が実施された。途中、元治元年（一八六四）に参勤交代制の復旧令と併せ、関所検閲も従前に戻すことが決められたが、復旧令がほとんど守られなかったので関所の存在意義も復することはなかった。新政府は明治二年（一八六九）正月、諸国の関所を全廃した。

明治三年閏十月には、旧幕府時代に特権旅行者の休泊施設として、幕府・諸大名から特別に経済的援助を受けていた本陣・脇本陣も、その名目を廃止することが決まった。これにより一般の旅籠屋でも本陣・脇本陣の象徴であった門・玄関などを付設することが許され、拝借金などの面でもほとんど同格になった。

助郷の海内一同化

新政府は軍事輸送機関の掌握と並行して、旧幕府時代の交通政策のなかで最も矛盾が顕在化していた助郷についても、改革に着手した。改革の基調は、助郷夫役の面的な拡大であった。

慶応四年（一八六八）三月には、東征中に限ってそれまで助郷を免除されていた宮・堂上《とうしょう》方の家領村々へも助郷夫役を課すことを命じた。次いで、今後は助郷に不同がないよう、海内一同へ助郷を勤めるように通達した。

これは従来の助郷制度からみれば大改革である。旧幕府のもとでは、その統治組織の面で助郷を全国の村々に等しく割り当てることが不可能であった。しかし各藩の連合体である新政府には、効果は別にして、新しい着眼点があった。この結果、従来の定助郷・代助郷などという種々の助郷名称を廃止し、新たに統一的な助郷の組替えが行われることになった。

慶応四年五月の駅逓司布告により、次のようなことが明示された。それは、今までの不平等を改め、取り敢えず村高の四割を助郷高とし、一宿に東海道では七万石、中山道では三万五千石、その他の街道では一万石程度の助郷勤高を編成する。なお、今までは宿駅と助郷で不合なことが多かったらしいが、今後は両者で平均勤めにする、というような内容である。要するに、人馬の継立は宿駅が優先的に行うのではなく、宿駅と助郷が合体して行うように令されたのである。

これに基づき、慶応四年八月に駅逓役所から組替えられた助郷帳が配布された。新しい東海道の助郷は、例えば遠江・駿河国内の宿駅のそれに限っても紀伊・甲斐・上総・安房国などのはるか遠方の村々にまで及び、街道の実情を無視したものであった。

新しく付属された助郷村々からは、当然のように海内一同勤めに強い反対運動が起こった。その結果、新助郷役の不勤が半ば常識化し、宿駅と新助郷村々との間で経費分担をめぐり、大規模な係争が頻発した。

助郷の海内一同化政策は、明らかな失敗であった。宿駅と新助郷の係争は、明治政府の行政・司法の上に長く後遺症として残った。

しかしこの失敗にもかかわらず、制度上では助郷海内一同勤めは約二年間も続いた。その間、新助郷の不勤に対応するために人馬の獲得に努める一方、人馬遣高を大幅に制限するなどした。

明治三年三月の太政官布告第一八五号により、助郷海内一同勤めを廃し、宿定立人足と定助郷を復活させることを触れ、三月晦日を期限として宿駅と助郷の合体を解除した。そしてそれまでの新助郷の不勤などによる経費分担の清算については、各管轄府県を通じて解決することを決めた。

各駅陸運会社の設立と伝馬所の廃止

太政官布告第一八五号により、明治三年（一八七〇）四月から東海道では人足による継立を中心とし、賃銭は原則としてに相対《あいたい》になった。中山道以下の街道でも、次第に相対に代わった。相対継立とは、換言すれば人馬継立に国家権力が直接的な介在をしないということである。

人馬の相対継立と併せ、各宿駅の伝馬所を廃し、それに代わるものとして継立会社を設立させようとした。権力が介在せずに、自由化した継立機能を保持させようとするのであるから、会社組織に変えるという発想は当然である。

明治三年五月、民部・大蔵省の合議により「宿駅人馬相対継立会社取立之趣意説諭振《せつゆぶり》」を作成し、各宿駅へ会社を設立させるための説得資料にした。翌四年五月には、前年の「説諭振」を整理した「陸運会社規則案」を作成し、さらに東海道の各宿駅に対して会社設立を勧奨した。「説諭振」では会社名を相対継立会社としていたが、この「案」では陸運会社としている。

こうした方針に基づき、明治四年十一月に東海道の各駅陸運会社の開業を認可し、人馬継立業務を伝馬所から移したのである。これを受け、翌五年一月十八日の太政官布告第一〇号により、東海道各駅の伝馬所は廃止となり、通行・宿泊などはすべて相対になったのである。

中山道以下の街道についても、明治四年から各駅陸運会社の設立の勧奨が行われていた。そして翌五年八月晦日、伝馬所を廃止したたのである。

こうして律令時代より千年以上も続いた国家・領主権力の主導や保護による宿駅制度は、一定の幕を閉じたのである。一定の幕と言うのは、実はこれによって人馬継立が直ちに行われなくなったという意味ではないからである。

交通運輸の近代化

陸運元会社への統合

明治五年（一八七二）一月、東海道の宿駅伝馬所が廃止され、それに代わるものとして各駅に陸運会社が設立された。しかし各駅陸運会社は、実態として旧宿駅問屋の特権や機能を継承したもので、継立区間も旧幕府時代と同様に隣宿までの場合が多かった。

各駅陸運会社の設立に続き、旧宿駅を母体としない郵便馬車会社や中牛馬会社・陸運元会社《りくうんもとがいしゃ》なども設立を認可された。ただしこれらの運輸会社も、運輸の実務面については旧宿駅に委ねることが多く、時に各駅陸運会社より運輸区間が広域であることもあったが、依然として地域的に限定されていた。

近代的な中央集権国家を目指す明治政府としては、全国的規模で統一的な通信・運輸機構の成立が不可欠であった。通信については、明治四年三月に東海道で官営による郵便の営業が開始した。運輸については、陸運では陸運元会社、海運では三菱会社に白羽の矢を立てた。この統一的な機構の成立過程については多くの研究成果があるが、増田廣實「近代以降の東海道」(『東海道読本』所収)が要領よくまとめているので、以下それに依拠しながら簡単に記しておく。

陸運元会社の母体は、旧幕府時代の三都の町飛脚(定飛脚)問屋である。町飛脚は、一定程度の宿人馬を公定賃銭で利用できる特権を有していたが、明治三年にすべてが相対賃銭になって特権を喪失し、郵便も官営になって危機感を抱いていた。こうした状況のなかで、駅逓頭の前島密の勧奨もあり、明治五年六月に陸運元会社を設立したのである。

当初、陸運元会社は駅逓寮の援助を受け、各駅陸運会社と提携して輸送業の拡張を図ろうとした。しかし営業は順調でなかった。その状況を打破したのが、明治六年六月の太政官布告第二三〇号である。それは、同年九月以降に営業する場合には、陸運元会社に入社・合併するか、改めて管轄庁を経て駅逓頭の免許を得る必要がある、というものであった。

改めて免許を得るには、極めて煩わしい手続きが必要であった。そのため現実として東海道の各駅陸運会社は、陸運元会社の組織に入らざるを得なくなった。明治七年後半から八年初頭にかけて、各駅陸運会社の陸運元会社への入社・合併は全国規模に拡大された。

こうして陸運元会社により、全国を網羅した運輸機構が確立したのである。明治八年二月、陸運元会社は社名を内国通運と変更し、各駅陸運会社は同年五月晦日を限り解散することになった。この内国通運の独占的な地位は、明治十二年五月に先の布告第二三〇号が廃棄されるまで続いた。

人力車・馬車輸送とその限界

旧幕府時代の東海道での交通手段は、京都周辺を除けば人足と馬であり、しかも次第に人足の比重が大きくなっていた。そうしたなかで、前述したように嘉永三年（一八五六）に中山道の垂井・今須宿ではじめて板車の使用が許可され、東海道では安政四年（一八五七）に吉田宿を除く二川〜藤川宿間で地車の使用が許可された。

続いて文久二年（一八六二）に、幕府は全国の街道へも荷物の車輌輸送を許可した。これにより幕末・維新期の輸送需要の激増もあって、車輌はさまざまな形で急速に普及した。

当初、車輌は荷物の輸送ということであったが、旅人の乗用にも利用されるようになった。慶応元年（一八六五）に江戸本郷の良七店の店子《たなこ》松兵衛が二人曳きの車の製造と試用を許可された頃には、東海道の岡崎〜草津宿間で小車を使用して好評を得ていた。この小車は、大八車を改良したもので、六人前後が乗り合う人力車であった。

明治三年（一八七〇）に東京岩本町の車持原七は、四人乗りの人力車の営業を許可され、東京〜生麦間を一人が曳き一人が押して連絡した。この路線はやがて横浜まで延長し、東海道各地へ人力車が普及する契機になった。

一方、明治二年から和泉要助・鈴木徳次郎・高山幸助らにより、一〜二人乗りの腰掛け型人力車が試作され、翌年に完成した。同じ人力車でも乗合型とは構造上に差異があり、関東ではたちまち主流を占めた。

明治五年十一月の『愛知新聞』三二一号によれば、東海道では山路を除けば人力車のないところはなく、人力車も新居より西では二人乗りの粗悪なもの、浜松以東では一人乗りの佳作品が用いられているとある。すなわち名古屋スタイルは、依然として小車を人力車に転用していたのである。

乗用としては、馬車も新しい交通手段として脚光を浴びた。馬車は、外国人により文久年間(一八六一〜四)に江戸〜横浜間で導入された。日本人のものとしては、明治二年に成駒屋が六人乗りの二頭立馬車を仕立てたのが最初である。

明治五年には、東京を中心にして中山道・甲州道中に馬車会社ができた。同七年には、陸運元会社によって東京〜小田原間で郵便馬車が運行された。明治十四年には、新たに東京〜大阪間で、郵便物に加えて一般貨物も輸送するようになった。

ただしこれは、東京〜大阪の全区間を馬車だけによって輸送したわけではない。すなわちまず東京〜神奈川はすでに開通していた鉄道で輸送し、神奈川〜小田原を馬車、小田原〜三島は山道のため脚夫、三島〜宇津谷を馬車、宇津谷〜島田間を人力車、小夜の中山がある島田〜日坂は脚夫、日坂〜浜松を馬車で結び、浜松からは運河・浜名湖を舟で対岸の新所まで渡し、新所〜熱田を再び馬車、鈴鹿峠がある熱田〜土山は脚夫、土山〜京都を馬車で輸送するというものであった。

要するに、道路の障害条件に応じ、馬車以外の交通手段も組み合わせたのである。これ以降も人力車の区間を馬車にしたり、脚夫の区間を人力車に改善する程度で、基本的にはつぎはぎ輸送が続いた。それでも神奈川〜京都間を、旧幕府時代の継飛脚の早さとほとんど同じ五六〜六〇時間で結んだから、以前と比べれば相当に近代化されたことになる。こうした問題を一挙に解決したのが、鉄道の開通である。

鉄道輸送への転換

明治二年(一八六九)十二月、新政府は、新都

東京～旧都京都間に官営の鉄道を敷設することを決定した。そして取り敢えず、東京～横浜間と神戸～大阪間を着工することになった。

明治五年九月、東京～横浜間の鉄道による旅客営業を開始した。当初は一日二往復であったが、需要が高いので直ぐに六往復にした。運賃は、二等が駕籠に乗った場合、三等が蒸気船に乗った場合を設定し、一等は二等の二倍にするなど、極めて高額であった。しかし東京～横浜間の三〇キロメートルを徒歩であれば一〇時間近くも要するが、鉄道であれば五二分で連絡できたので、多くの人々に利用された。

神戸～大阪間の鉄道建設は、東京～横浜間と同時に着工したが、開業は明治七年五月一日であった。続いて十年二月五日には大阪～京都間が開業した。さらに京都～大津間は、逢坂山トンネルの難工事を経て、十三年に開業した。

この間、東京～神戸間の鉄道については、どこを通るかで紆余曲折があったが、中山道案が有力であった。その理由は、東海道筋にはすでに海陸の交通が発達しており、鉄道を敷設しても利用者が少ないであろうと推測したからである。明治十七年からは、この中山道案に沿って次々と着工しはじめた。

これより以前、日本鉄道会社によって東は東京上野～高崎間が開通し、西は官営により敦賀～関ヶ原間が建設されていた。中山道案は、この両区間を結べば完成することになる。

しかし着工当時の鉄道局長である井上勝は、自ら視察してこの中山道案に疑問を抱き、部下に対して極秘に東海道沿いコースとの比較を命じた。その結果、東海道沿いコースの方が工事費が安く、また需要も多いという結論に達し、明治十九年七月に東海道沿いコースに変更することを決定した。

コースが変更したと言っても、すでに東京～横浜間、神戸〜大津間は開通し、敦賀〜関ヶ原間は大垣まで延びており、大垣〜名古屋（武豊）間も建設中であった。したがって横浜〜名古屋間と、琵琶湖舟運で結んでいた大津〜長浜間を敷設すれば完成することになる。

こうして明治二十二年四月に東京〜長浜間、同年七月には大津〜長浜間も開通して、東京〜神戸間が全通したのである。その結果、東京〜神戸間を約二〇時間で結ぶようになった。この東海道線は、名古屋〜草津間が美濃路と中山道である以外は、ほとんどが東海道に沿ったコースである。

東海道線全通の影響

東海道の旧宿場は、輸送・旅行手段が旧幕府時代とは様変わりしたとは言え、一定程度の交通による利益があったから、鉄道の敷設を喜ばなかった。そこで鉄道の駅を旧宿場の中心から外したり、鉄道を遠くに迂回する運動を展開した。

しかし東海道線が全通すると、その影響は予想を越えて各方面に色濃く現れた。輸送・旅行はほとんど鉄道に依拠するようになり、その駅周辺に中心街が移ってしまった。

東京〜神戸間を運航していた日本郵船は、規模を縮小して路線の統廃合を余儀なくされた。それまで馬車により長距離輸送の大部分を担っていた内国通運は、明治二十六年に主要業務を鉄道発着駅への集配に変更することを決めた。すなわち鉄道の補助機能に転落したのである。

道路としての東海道も、鉄道利用車の乗降駅とその最終目的地を結ぶためのローカルなものに変質した。その結果、律令制以来の長距離を結ぶ東海道の役割は、ここにほぼ終わったのである。

明治末年から大正年間には、特に文化人のなかに旧幕府時代の東海道をしのぶブームがあって、一定の文学史的な成果を挙げた。しかしその旅も、途中までは鉄道を利用し、駅で降りて東海道を散策するというものが主流であった。

東海道の全般が、全国的規模での交通路として復活するのは、モータリゼーション社会が到来してからである。しかしそれも現実には、前近代に果たしていた東海道とは性格が根本的に異なっていると言わざるを得ない。

前近代の東海道は利用者とその沿道宿村が密接な関連を有していたのに対し、モータリゼーション社会では単に『通過』するだけである。「地方」が重要なテーマである現在、前近代の『東海道の宿場と交通』を見直すことは無意味なことではないであろう。

おわりに

本書は『東海道の宿場と交通』について幅広い視野から執筆することに心掛け、言わばこの面での入門書のような体裁を採った。はじめに述べたことと本書の内容が異なり、竜頭蛇尾になっていないかを心配するのみである。近年は東海道を散策する人が増えているようなので、せめてその折にこの小冊子を持ち歩きながら、知識の確認と拡大に役立てていただければ幸甚である。

ただし本書に関し、ここで断っておかなければならない点がある。それは、本書を執筆するに当たり多くの先行研究書・自治体史や資料を参考にしているが、本書の性格から本文中への注記は最小限度に止めたことである。ここで本文に注記したものと各地の自治体史以外で特に参考にしたものを挙げれば、児玉幸多・豊田武編『交通史』（山川出版）、児玉編『日本交通史』（吉川弘文館）、児玉編『宿場』（東京堂出版）と後掲の拙著である。これらには、さらにその参考文献や引用文献も記してあるから、本書の内容をより深めたい方には一読を進めたい。

ところで従来、宿場というハード面から、あるいは旅というソフト面からの研究書はそれぞれに多くあるが、その両方を兼備したものは比較的少ない。両方を兼備した著書が全くないわけではないが、その多くは大勢の執筆者による共著のものであり、そこでは綿密な編集がなされているとは言え、ややもすれば一貫した視点に欠ける感があるのは否めなかった。

筆者は以前からこうした現状を打破すべく、江戸時代の宿場や旅、それに水上交通を加え、言わば江戸時代の交通を総合的に捉えるために、取り敢えずそれぞれに関する個別論文を執筆してきた。そして実は自己の力量をも考えず、何時かはこうした問題を統括した概説書のようなものも執筆したいと思っていた。そうした折、本書の執筆の機会が与えられて快諾したわけであるが、諸般の事情によりなかなか執筆することができなかった。

そこで一計を案じ、昨年の愛知大学経済学部の基礎科目「地域の文化と歴史」という講義でこの問題を取り上げ、その講義ノートを基に本書を執筆したわけである。辛抱強く聴講してくれた学生と、辛抱強く原稿を待ってくれた静岡新聞社の鈴掛純也氏に感謝したい。なお、本書で使用した挿絵の原典は断っていない限り、豊橋市二川宿本陣資料館の所蔵になるものである。同館とその関係者にもお礼を申し上げる。

平成十二年二月二十一日

渡辺　和敏

〔著者略歴〕

渡辺　和敏（わたなべ　かずとし）

1946年(昭和21)、浜名郡新居町生まれ。文学博士。現在、愛知大学経済学部教授、愛知大学綜合郷土研究所所長、交通史研究会常任委員。

著者に、『近世交通制度の研究』吉川弘文館、『街道と関所』新居町教育委員会、『宿場』（共著）東京堂出版、『静岡県史』近世編（共著）静岡県　ほか。

住所は、浜名郡新居町中之郷319（〒431-0301）

東海道の宿場と交通

2000年4月28日　初版発行

著　者　　　渡　辺　和　敏

発行者　　　松　井　　　純

発行所　　　静　岡　新　聞　社

〒422-8033

静岡市登呂３－１－１

電　　話　054（284）1666

ＦＡＸ　054（284）8924

印刷・製本　凸版印刷

ISBN4-7838-1071-0 C0021